KB042335

니　　체　　의
차라투스트라를
찾　　아　　서

이진우 교수의 철학적 기행문

니 체 의
차 라 투 스 트 라 를
찾 아 서

책세상

이 엄중한 내면의 목소리가 언제나 거듭 들린다. "여기서 떠나라! 앞을 향해 나아가라, 방랑자여! 너에게는 아직 많은 바다와 땅이 남아 있다. 네가 누구와 더 만나야만 하는지 누가 아는가?"

— 프리드리히 니체,《유고(1884년 가을~1885년 가을)》

어느 정도 이성의 자유에 이른 사람은 지상에서 스스로를 방랑자로 느낄 수밖에 없다. 비록 하나의 궁극적인 목표를 향하여 여행하는 사람이 아니라고 할지라도. 왜냐하면 이와 같은 목표는 존재하지 않기 때문이다. 그러나 아마도 그는 세상에서 도대체 어떤 일들이 일어나고 있는지를 주시하고 그것에 대하여 눈을 크게 뜨고 보려 할 것이다. 따라서 그는 모든 개별적인 것에 너무 강하게 집착해서는 안된다. 변화와 무상함에 대한 기쁨을 가진 방랑하는 그 무엇이 그 자신속에 존재함이 틀림없다.

— 프리드리히 니체,《인간적인 너무나 인간적인 I》

별이 몰락해서 사라졌다. 그러나 그의 빛은 아직 우리에게 오는 길 위에서 빛나고 있다. 그런데 빛은 언제 길 위에 있기를 그만두고 꺼지는가? 너는 하나의 별인가? 그렇다면 너 또한 방랑해야 하고, 고향을 상실해야 한다.

— 프리드리히 니체,《유고(1882년 7월~1883/84년 겨울)》

일러두기

니체 인용문은 주석 번호를 달고 다른 색깔로 구분해 표시했다. 인용문의 출처는 책 뒤의 〈인용문 출처〉에서 저작의 약어, 권수, 쪽수로 표시했으며, 약어가 어떤 저작을 가리키는지는 별도의 약어표에 정리했다. 니체 텍스트로는 독일어본의 경우 《니체비평전집 *Sämtliche Werke. Kritische Studienausgabe in 15 Bäden*》(München · Berlin · N.Y. : de Gruyter · dtv, 1980)(약어 KSA)을, 한국어본의 경우 니체전집의 정본으로 공인된 《니체비평전집 *Nietzsche Werke. Kritische Gesamtausgabe*》(München · Berlin · N.Y. : de Gruyter · dtv, 1967~)(약어 KGW)을 번역한 책세상 판 니체전집(전21권)을 사용했다.

니체의 차라투스트라를 찾아서 **차례**

나를 찾아 길을 떠나며

사람은 자기 자신을 알지 못할 때 여행을 떠난다. 다른 문화와 사람들을 경험하고, 낯선 곳을 체험하고, 새로운 문화를 배우기 위해 여행을 하기도 한다. 무엇인가 새로운 것을 체험하게 되리라는 기대로 여행을 떠나지만 돌아오는 것은 공허한 마음뿐인 경우도 적지 않다. 많이 보았지만 정작 마음으로 본 것은 없고, 많은 사람을 만났지만 진정한 만남은 드물고, 많은 것을 경험했지만 막상 나의 삶을 변화시킬 새로움은 없기 때문이다. 왜 여행을 하는지 우리는 제대로 알고 길을 떠나는 것일까?

여행은 이유가 없어야 제맛이다. 목적이 있는 여행은 여행의 진정한 목적을 망각한다. 여행에서 발견하고 체험하고 내 것으로 만들어야 하는 것은 다름 아닌 나 자신이라는 사실을 망각한다. 그렇기에 여행은 갑자기 찾아온다. 우리가 감히 저항할 수 없는 내면의 목소리가 귀에 속삭인다. "여기서 떠나라! 앞을 향해 나아가라, 방랑자여!" 그렇게 알 수 없는 강렬한 충동에 이끌려 어느 날 갑자기 떠난 길에서 우리는 비로소 우리 자신을 만나게 된다. 어떤 사람들은 자기를 찾아 여행을 떠난다고 말하지만, 자아 발견이라는 목적마저 버리고 떠날 때 비로소 자기를 우연히 만날지도 모른다.

우리의 삶은 하나의 여행이다. 우리가 누구이든, 우리 모두는 무엇으로 '되어가는' 존재이다. 무엇이 되고 싶은가? 우리는 좋은 직업을 가진 사람, 좋은 재능과 성품을 지닌 사람, 다른 사람에게 인정받는 사람이 되고 싶을 수 있다. 그러나 우리 모두는 궁극적으로 우리 자신이 되고 싶어 한다. '나는 있는 그대로의 내가 되고 싶다.' 우리는 이렇게 우리 자신이 되어가는 도중에 있다. 이 여행의 길에서 잠시 멈춰 서서 돌아보기도 하고, 험난한 앞길을 살피려 뛰기도 하지만, 대부분의 사람들은 묵묵히 자신의 길을 걸어간다. 우리는 모두 자신을 찾아 나선 방랑자이고, 우리의 삶은 그 자체가 여행길이다.

'나는 왜 이렇게 살고 있는 것일까?' '나는 정말 내가 원하는 것을 하고 있는 것일까?' '나는 도대체 누구인가?' 이런 질문이 파도처럼 솟구칠 때 우리는 불현듯 여행을 떠난다. 나를 찾아서, 나의 삶을 발견할 수 있는 공간을 찾아서. 나와의 불화, 자기 상실의 병은 우리를 정처 없는 길로 내몬다. 우리는 여행하며 자신을 치료한다. 자기 치료는 항상 나를 대상으로 하는 실험이다. 내가 잘 살 수 있는 곳, 내가 자유롭게 사유할 수 있는 문화적 조건을 찾아 기후와 풍토를 실험하는 것이 우리의 삶이다. 몸이 건강해야 좋은 생각이 싹트는 것처럼, 우리가 살아가는 대지, 기후 그리고 풍토는 삶과 사유의 조화를 키워내는 거대한 몸이다. 그렇기에 우리는 몸으로 걷고, 몸으로 생각하고, 몸으로 살아간다. 걷는 것이 자기를 치유하는 길이다.

그리하여 나는 길을 떠났다. 수년간 치열하게 부둥켜안았던 나의 문제를 안고 길을 떠났다. 이번 여행의 동반자는 프리드리히 니체Friedrich

Nietzsche였다. 삶으로써 사유하고, 사유로써 살고자 했던 천재. 삶과 사상이 결코 분리될 수 없을 정도로 자신에게 철저했던 철학자. 평생 자신에게 맞는 장소를 찾아 방랑했던 노마디즘의 철학자. 그의 화두는 하나였다. "나는 어떻게 존재하는 대로의 내가 될 수 있는가?" 많은 사람들은 지금 그리고 여기에 존재하는 자신의 모습에 실망하여 다른 자기를 찾지만, 니체는 있는 그대로의 자기를 긍정할 수 있는 새로운 중심을 찾으려 평생을 방랑했다. 그가 찾은 '차라투스트라'는 그에게 끊임없는 자기 극복의 '초인'(위버멘쉬Übermensch)을 가르치고, 삶의 매 순간을 신성하게 만드는 '영원회귀'를 가르치고, 무엇보다 자기와 세계 전체를 긍정하라는 '운명애'를 가르친다. 앞으로도, 뒤로도, 영원토록 (나와 이 세계 밖의) 다른 것은 갖기를 원하지 않는다는 아모르 파티amor fati, 곧 운명에 대한 사랑은 우리가 할 수 있는 가장 위대한 일이다.

니체는 자기 창조의 철학자이다. 우리의 삶은 스스로 만들어가는 하나의 위대한 예술 작품이라는 그의 말은 내가 여행하는 내내 되새김질한 유일한 화두이다. 나는 어떻게 나를 하나의 예술 작품으로 만들 수 있는가? 니체를 따라 여행하면서, 생각하는 일 자체가 삶이 되어야 함을 깨달았다. 사유를 통해 자기를 만들어가는 삶은 바로 철학적 섭생의 예술이다. 잘 생각하고, 잘 살아야 한다. 생각하고 사는 것이 섭생이라면, 우리는 모두 자신의 장소를 찾아내야 한다. 사람이 어디서나 살 수 있는 것은 아니다. 더구나 자신의 온 힘을 쏟아부을 것을 요청하는 위대한 과제를 풀어야 하는 사람에게는 선택의 폭이 크지 않다.

자기를 찾으려면 나만의 장소를 찾아 끊임없이 움직여야 한다. 삶과 정신의 유목민이 되어야 한다. 일상의 의무, 여론과 관습, 기존의 가치로부터 탈피하여 새로운 관점과 이념에 눈을 열어야 한다. 먼 바다로 나가 해안을 바라보면 그곳을 한 번도 떠난 적이 없는 사람들보다 해안을 전체적으로 조망하고 훨씬 잘 파악할 수 있지 않은가. 떠나본 사람은 그가 누군지 알지 못하면서도 다른 여행자를 기다리고, 자신이 누구를 기다리는지조차 모르면서도 여행자를 맞을 준비를 할 것이다. 그는 낯선 사람과 낯선 사상에게 자신의 항구를 개방할 것이다. 이렇게 자신이 이방인이라는 사실을 인정하고 모든 낯선 것을 철저하게 실험하고 긍정했던 철학자가 바로 니체이다.

이 책은 니체와 함께한 철학적 기행문이다. 그 여행은 니체의 발자취를 좇아 한 번에 끝낸 '일주 여행'이 아니라 여러 번에 걸쳐 니체의 삶과 사상 속에 머문 '정주 여행'이었다. 진정한 노마디즘은 머물며 움직이고, 움직이며 머무는 것이다. 한번은 니체의 젊은 시절의 철학적 고뇌가 담긴, 그의 생가가 있는 뢰켄을 중심으로 베를린에서 라이프치히, 나움부르크를 거쳐 바이마르까지 다녀왔다. 독일의 철학과 문학, 그리고 음악이 있는 곳이어서 니체의 문화적 배경까지 느낄 수 있었다. 또 한번은 니체가 바그너를 만난 아름다운 호수의 도시 스위스 루체른에서 시작해 차라투스트라의 영감을 얻은 고산 지대 질스마리아를 여행했다. 천천히 걸으며 생각은 머리로 하는 것이 아니라 몸으로 하는 것이라는 사실을 느낄 수 있는 곳이다. 니체가 루 살로메를 만난 로마와, 그의 자유정신에 좋은 영향을 미친 이탈리아의 바다가 있는 소렌토와 아말피 해안은 자유의 의미를 다시 한번 생각하게 한다. 니체가 두통과 구토 그리고 발작으로 하루 종일 시달리면서도 아주 짧은 순간 자신의 사상에 언어의 옷을 입혔던 제노바, 밀라노, 오르타와 토리노 여행은 자연에 풍토가 있는 것처럼 영혼에도 기후가 있다는 것을 깨닫게 했다.

나를 찾아가는 것 외에는 어떤 특별한 목적도 없는 여행이기는 했지만, 니체와 함께한 이 철학적 기행에는 세 가지 작은 목적이 있었다. 하나는 온몸으로 철학을 한 '니체의 삶'을 이해하는 여행이다. "나의 병으로 인해 비로소 나는 몸의 이성을 생각하게 되었다"라고 말하는 니체의 삶은 한마디로 자기와의 싸움이었다. 둘째는 '니체의 사상'을 탐색하는 여행이다. 그 자신의 삶과 분리될 수 없는 니체의 사상은 치열한 자기 실험의 결과이다. 왜 그는 서양 사상의 토대를 근본적으로 파괴하는 다이너마이트가 된 것일까? 끝으로, 니체의 발자취를 따라 그의 사상이 태어나 결실을 맺은 '영혼의 장소'를 찾아가는 여행이다. 나도 그곳에 가면 나를 발견할 수 있을까? 이 세 가지 목적은 궁극적으로 하나의 목적에 가 닿는다. 나를 되돌아보고, 나를 발견하고, 나와 궁합이 맞는 장소를 찾을 수 있는 여유와 자유를 찾는 것이다.

니체에 따르면 여행자에도 등급이 있다고 한다. 여행하면서 여행자로 보이기를 바랄 뿐 실제로는 아무것도 보지 못하는 눈먼 여행자가 최하 등급이고, 다음 등급은 스스로 세상을 관찰하는 여행자, 그다음 등급은 관찰하면서 무엇인가를 체험하는 여행자, 마지막으로 최고 등급은 관찰하며 체험한 것을 자기 것으로 만들어 삶에 동화시키는 여행자이다. 나는 어떤 등급의 여행자인지, 두려움이 앞선다. 이 글을 읽는 이들이 주위의 사소한 것에서도 의미를 발견하는 좋은 여행자이기를 바랄 뿐이다.

대구 팔공산 자락에서

이진우

1

베 를 린

디오니소스를
보고
차라투스트라를
듣다

*

　사람은 자기 자신을 실험할 때에야 비로소 자아를 찾는다. 나는 자아라는 말을 별로 탐탁하게 여기지 않는다. 그것이 현대인들이 가장 많이 입에 올리는 낱말 중의 하나이기 때문이다. 현대인들이 노예라는 말을 끔찍하게 싫어하면서도 돈과 권력의 노예로 살아간다고 신랄히 비판한 니체의 말처럼 우리는 모두 자아를 최고의 가치로 생각하지만 실제로는 다수의 사람들이 살아가는 방식을 그저 따라가는 것은 아닐까? 우리의 차별화 욕구가 새로운 유행을 만들어내지만, 유행은 대중화되는 순간 모든 차별을 흔적도 없이 지워버리지 않는가. 자아 탐구와 자기실현이라는 말이 우리 시대의 유행어라는 생각을 떨쳐버릴 수 없다.

　그렇지만 나는 끊임없이 질문을 던진다. '나는 누구인가?' 자아라는 유행어를 지독히 싫어하는 '나'는 누구이고, 이런 질문을 통해 궁극적으로 알고자 하는 '나'는 누구인가? 질문을 던지는 주체도 나이고, 질문을 통해 알고자 하는 대상도 나이다. 자신이 어떤 존재인지를 알기 위해서는 자기를 끊임없이 실험해야 하는 까닭이 여기에 있다. 우리의 삶은 어쩌면 질문을 던지는 '현실의 나'와 도달해야 할 '본래의 나' 사이를 끊임없이 오가는 방랑의 여정과 같다. 니체는 삶을 그렇게 이해했다. '나', '자아', '주체'라는 낱말을 그 누구보다 싫어했던 니체가 삶의 초기와 말기에 두 번 자서전을 썼다는 것은 대단히 시사적이다.

니체에게 철학을 한다는 것은 자신을 실험한다는 것을 의미한다. 우리는 자신에 관한 글을 써야 한다. 자신의 삶은 철학의 처음이자 끝이기에 자신에 관한 글을 쓰는 것이 니체에게는 그야말로 모든 것이었다. 니체의 철학이 그의 자서전과 다를 바 없는 이유가 여기에 있다. 물론 니체에게도 삶과 사상의 괴리가 있겠지만, 그가 생각대로 살고 동시에 삶을 따라 사유하고자 했던 것은 사실이다.

왜 삶은 니체에게 철학적 문제가 되었을까? 모든 철학적 사유가 대체로 하나의 철학적 문제로부터 출발한다면, 니체는 자신의 삶에서 어떤 문제를 발견할 것일까? 이런 질문을 던지는 것 자체가 어쩌면 위대한 철학자들은 모두 감동적인 삶의 이야깃거리가 있기 때문에 위대할지도 모른다고 생각하는 선입견의 반영일 수도 있다. 그렇지만 이야기를 하지 않으면 감동적인 체험도 없고, 감동적인 체험이 없으면 살아 있는 사상도 없다. 어떤 사상이 우리에게 말을 건다면, 그것은 그 사상의 창조자가 감동적으로 이야기를 한다는 증거이다. 니체가 여전히 우리를 감염시키는 것은 바로 이 때문이다.

삶이 문제 되지 않는다면, 어떤 사상도 필요 없다. 그렇지만 인류의 역사상 삶이 문제 되지 않은 적이 한 번이라도 있었던가. 호모 사피엔스 homo sapiens로 불리는 우리 인간이란 존재는 자신의 삶을 스스로 만들어 가려 하기 때문에 삶은 항상 문제가 된다. 우리는 우리 삶의 주인이 되려 하고, 창조자가 되려 한다. 자신의 삶의 신神이 되고자 한다고 말하면 너무 독신瀆神적인 것일까? 니체의 삶과 사유를 관통하는 일관된 생각은 삶의 예술가 정신이었다.

우리는 우리 삶의 시인이고자 한다
Wir aber wollen die Dichter unseres Lebens sein.[1]

그렇다면 니체는 이런 생각에도 불구하고 자신의 삶을 통제할 수 없었던 것일까? 그것이 그의 문제였을까?

우리가 우리 자신의 삶을 스스로 살아갈 수 없을 때 삶은 우리에게 문제가 된다. 우리 모두는 '자신의 고유한 삶'을 꿈꾼다. 타인의 뜻대로 사는 삶이 나의 개성을 파괴하는 것처럼, 다른 사람들과 함께 호흡하지 못하는 나만의 삶도 나의 삶의 진정성과 고유성을 보장하지 못한다. 다른 사람들에게도 의미 있는 나만의 삶을 살 수 있다면, 나는 나의 삶의 창조적 예술가가 될 수 있다. 니체는 한 걸음 더 나아가 자신의 작품에도 진정성을 요구한다. 니체의 작품은 그의 존재 자체를 말해야 한다. 그는 존재하는 대로의 자신이 되고자 하며, 자신의 사상을 스스로 사유하고자 한다.

너는 너의 주인이 되어야 한다. 또한 너의 덕성들의 주인이 되어야 한다. 예전엔 그 덕성들이 너의 주인이었다. 그러나 그것들은 이제 다른 도구들과 나란히 너의 도구일 수 있을 뿐이다. 너는 너의 찬성과 반대를 결정할 수 있는 힘을 획득해야 하며, 그것들을 너의 높은 목적에 따라 내걸거나 다시 거둬들일 줄 아는 법을 배워야 한다. 너는 모든 가치 평가에 들어 있는 관점주의를 파악하는 법을 배워야 한다.[2]

나는 어떻게 나의 주인이 될 수 있을까? 이런 고민을 하는 사람들은 자연스럽게 니체의 매력에 빠지게 된다. 우리는 스스로를 찾겠다고 발버둥을 치지만 대개는 흘러가는 시간에 자신을 내맡긴다. 오늘은 이것을 해야지 다짐하지만, 잠자리에 들 때면 오늘의 주인이 내가 아니라 시간이었음이 밝혀진다. 물론 흘러가는 시간은 아무런 죄가 없다. 니체는 어렸을 적부터 이러한 "생성의 무구"와 타협할 생각이 없었던 것처럼 보인다. 그는 훗날 자신의 운명에 대한 사랑, "아모르파티"를 주장하지만, 이러한 운명애가 우리를 우리 자신의 삶의 시인과 창조자로 만들어주지는 않는다. 우리의 삶을 스스로 빚으려면 자신에게서 일어나는 모든 움직임을 감지할 수 있는 섬세한 감수성과 자신의 무의미한 삶에 의미를 부여할 수 있는 구성력이 필요하다. 나는 어떤 생각을 하고 있는가? 나는 무엇을 욕망하는가? 내가 의식하지 못하지만 내 몸 안의 깊은 곳에서 일어나는 저 충동은 도대체 무엇인가? 자신의 일거수일투족을 속속들이 관찰하려면 우리의 정신은 늘 깨어 있어야 한다. 니체는 이러한 영혼의 촉수를 가진 삶의 철학자였다. 그는 자신을 통해 세계를 파악하고자 했으며, 세계에 새로운 의미를 부여하기 위해 자신을 실험 수단으로 삼았다. 그런데 나는 위대한 철학자 니체에 기대어 스스로를 찾으려 한다. 허망한 일이라는 것을 알면서도.

*

여행은 우리를 이중의 감정에 휩싸이게 한다. 이 길에서 무엇인가를 만날지도 모른다는 기대감과 모든 것이 낯선 외지에서 철저한 익명성

열일곱 살의 니체

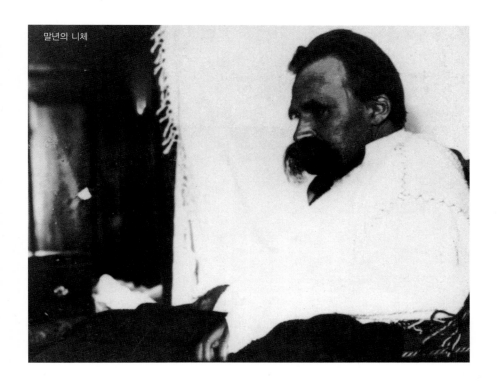

말년의 니체

에 의해 경험하게 되는 감정이 그것이다. 우리는 한 정거장에서 다른 정거장으로 가는 길에 아름다운 만남이 이루어지길 바란다. 옆 좌석에 멋진 사람이 앉기라도 하면 괜스레 가슴이 두근거리기도 한다. 그러나 나의 기대와는 달리 열차는 이름 모를 수많은 사람들을 쏟아놓고 다음 정거장으로 달려갈 뿐이다. 우연은 늘 우연으로 끝나기 마련이지만, 우연의 허망함을 경험하지 않고는 만남의 귀중함을 제대로 알지 못한다.

니체의 차라투스트라를 찾아 나선 여행을 베를린에서 시작한 것은 우연이었다. 1989년 베를린 장벽이 무너진 후 독일에서 유일하게 국제도시의 모습을 갖춰가고 있는 수도 베를린은 자아 찾기 여행의 출발지로 안성맞춤이다. 우리 동양인에게 더 잘 알려진 서양의 도시들은 많다. 런던, 파리, 로마, 암스테르담, 프라하……. 그런데 이 도시들은 개성이 너무 강해서 여행자에게 너무 많은 영향을 준다. 어떤 사람이 "저는 파리가 좋아요"라고 말하면 대개 '아, 저 사람은 어떤 사람일 거야'라는 이미지가 자동적으로 떠오른다. 파리를 좋아하는 사람은 암스테르담을 좋아하는 사람과 다르고, 런던을 선호하는 사람의 취향은 로마에 매력을 느끼는 사람의 그것과 사뭇 다르다. 유럽에 대한 인상을 물으면, 런던에서 시작한 사람들과 파리에서 출발한 사람들의 유럽 이미지가 다르다는 것을 쉽게 알 수 있다. 물론 이 모든 것들이 편견에 지나지 않는다고 치부해버릴 수도 있지만, 어디에서 떠나느냐 하는 것은 여행을 계획할 때 여전히 중요한 문제이다.

베를린에 오기 전에는 사실 이 도시에 대한 특정한 이미지가 없었다. 베를린에는 파리의 에펠 탑도 없고, 런던의 웨스트민스터 사원도, 로마의 콜로세움도 없다. 그렇다고 뉴욕의 마천루가 있는 것도 아니다. 로베르트 무질Robert Musil이라는 오스트리아 작가의 소설 중에 《개성 없는 사람*Der Mann ohne Eigenschaften*》이라는 것이 있는데, 그 제목이 베를린이라는 도시에 꼭 어울린다는 생각이 들었다. 개성 없는 도시. 독일에서 공부했다고 하면 사람들은 으레 내게 "독일에 뭐 볼 것이 있어요?"라는 물음을 던진다. 이런 질문을 받으면 괜히 짜증이 난다. 질문 자체가 이미 독일엔 볼 것이 없다는 대답을 하고 있는 것 같아 심통이 나고, 왜 사람들은 보이는 것만으로 볼 것을 찾을까 하는 생각에 화가 난다. 그렇지만 곰곰이 생각하면 화낼 일도 아니다. 수도인 베를린만 해도 첫눈에 반할 만한 도시는 아니기 때문이다.

사람과 마찬가지로 도시들 중에도 시간이 갈수록 그 깊은 맛을 느낄 수 있는 도시가 있다. 어떤 도시는 하루 만에 싫증이 나기도 하지만, 베를린은 살아갈수록 정이 드는 도시이다. 무엇이든 살아봐야 진정한

베를린 도심 한가운데 자리한 거대한 공원 티어가르텐

가치를 발견한다. 여러 소도시가 모여 이루어진 베를린은 대도시의 매력을 지니고 있으면서도 소도시의 쾌적함을 제공한다. 도시 한가운데에 티어가르텐이라 불리는 커다란 공원이 있고 그 중심에는 황금빛 여신상으로 장식된 승전비가 자리 잡고 있다. 푸른 숲 위로 반짝이는 승전비를 중심으로 동쪽으로는 운터덴린덴 거리가 뻗어 나가고, 남서쪽으로는 서베를린의 중심 역할을 했던 쿠담 거리가 이어진다. 사람들은 여기서도 비슷한 질문을 던져 상대방의 기호를 탐색할지 모른다. "어떤 길을 걷는 것이 더 좋은가요?" 이 물음에 대한 답이 어떤 것이든 간에 이 두 거리를 걷지 않고는 베를린의 첫인상을 얻을 수 없다.

베를린을 걷다 보면 베를린이 좋아질 수밖에 없다. 사람들과 부딪치지 않고 호젓하게 걸을 수 있으면서도 대도시의 다양성과 익명성을 즐길 수 있는 곳이 베를린이다. 그루네발트라는 푸른 숲과 반제의 파란 호수가 있는 베를린의 서남부에서는 걱정 없이 살아가는 시민들의 삶을 엿볼 수 있지만, 동남부의 크로이츠베르크에는 기득권에 저항했던 젊은이들의 분노가 사회 주변 계층의 문화와 묘하게 어우러져 있다. 어느 도시이든 부유한 사람들이 사는 곳과 빈민가가 있기 마련이지만, 베를린에서는 경제보다는 문화가 구역 간의 경계선을 결정하는 것처럼 보인다. 냉전의 상징처럼 여겨졌던 베를린 장벽이 무너지고 난 다음에 오히려 다양한 문화들이 생겨난 것은 무엇 때문일까? 하나의 경계선이 다양한 경계들로 분화된 것일까? 장벽이 가로막고 있을 때에는 자본주의와 사회주의가 충돌하는 것처럼 보였다면, 장벽의 벽돌들이 기념품으로 사라지고 난 지금은 자본주의와 사회주의 문화가 융합되어 새로운 문화를 만들어내고 있는 것일까? 많은 사람들이 장벽의 붕괴로 사회주의 체제가 자본주의에 흡수되었다고 말하지만, 흡수된 것은 사람들

독일 국회 의사당의 원형 지붕. 투명한 유리가 민주주의의 투명성을 상징한다.

의 삶에 스며들어 언젠가는 문화의 모습으로 배어 나오는 것이 아닐까?

베를린을 거닐면 수많은 질문들이 떠오르는 것을 보면 이 도시가 실험의 도시인 게 틀림없는 것 같다. 베를린을 매력적으로 만드는 것은 바로 실험 정신이다. 통일 수도를 서독의 조그만 도시 본에서 베를린으로 옮겨 온 이후 다양한 도시 설계와 건축적 실험들이 이루어지고 있어, 베를린은 도시 전체가 건축의 박물관이라고 해도 과언이 아니다. 삶과 겉도는 박물관이 아니라 삶 속으로 들어와 함께 호흡하는 박물관이라고 해야 옳을 것이다. 현재 연방 국회 의사당으로 사용하고 있는 제국의회를 살아 있는 건물로 만든 것도 건축학적 실험 정신이다. 영국의 건축가 노먼 포스터 경Sir Norman Foster이 설계한 유리 지붕은 민주주의

석양에 빛나는 베를린 대성당

의 투명성을 상징할 뿐만 아니라 국민과 국회의 거리를 가깝게 만든다. 베를린을 걷다 보면 도시 전체가 마치 삶과 소통하는 예술을 실험하는 스튜디오처럼 보인다.

베를린의 실험 정신을 가장 잘 느낄 수 있는 곳은 중앙역에서 슈프레 강가를 따라 동쪽 무제움스인젤까지 나 있는 산책 길이다. 맑은 날엔 강가의 풀밭에 누워 햇살을 즐기기도 하고 유람선의 관광객들과 눈인사를 나누기도 하면서 걷다 보면 하케셔마르크트 역이 나타나는데 그 남쪽에는 무제움스인젤이, 북쪽에는 예술가들의 거리가 이어진다. 무제움스인젤을 우리말로 옮기면 '박물관 섬'이라는 뜻이다. 슈프레 강과 운하로 둘러싸인 섬과 같은 지역에 박물관과 미술관이 여럿 모여 있어 이렇게 불린다. 무제움스인젤은 포츠담 광장에 있는 쿨투어포룸과 함께 베를린 문화의 양 축을 이룬다.

내가 디오니소스를 만난 곳이 바로 이곳 무제움스인젤이다. 들꽃도 함께 모이면 아름다운 것처럼 인간이 만든 인공물도 모이면 문화가 된다. 문화는 아마 모이는 것인가 보다. 무제움스인젤, 박물관 섬에는 박물관 다섯 개가 옹기종기 모여 있다. 보데 박물관, 페르가몬 박물관, 구 박물관, 신 박물관, 구 국립미술관의 다섯 건축물이 역사적 앙상블을 이룬다. 한곳에서 고대 유물에서 현대 미술까지 감상할 수 있다니 얼마나 멋진 일인가. 건물들이 따로 노는 서울의 실정을 생각하면 부럽기 짝이 없다. 문화란 모름지기 사람이 모일 수 있는 공간이 전제되어야 한다.

나의 발길이 이곳으로 향한 것은 며칠 전부터 보아온 전시회 광고 때문이었다. 도시 곳곳의 원형 광고 기둥에 붙어 있는 포스터의 제목에 눈길이 갔다. '신들의 귀환'. 신이 죽은 사회에 도대체 어떤 신들이 돌아온단 말인가? 2008년 11월 27일에서 2009년 7월 5일까지, 페르가몬 박물관의 고대 컬렉션이 소장한 고대 그리스 올림피아 신들의 전시가 있단다. 제우스, 헤라, 아테나, 아폴론, 디오니소스, 아르테미스, 아프로디테, 헤르메스, 포세이돈……. 왜 동양의 신보다 고대 그리스 신들의 이름이 우리에게 친숙한 것인지 알 수 없지만, '신들의 귀환'이라는 말에 떠오르는 이름들이다. 그중에서도 나에겐 디오니소스가 더없이 친숙하고 신비롭다. 니체의 신이지 않은가. 디오니소스는 니체를 상징하고, 니체는 디오니소스를 대변한다. 이 전시회에는 디오니소스 특별전이 포함되어 있었다. '디오니소스—변신과 엑스터시'라는 제목의 특별 전시회에서 다양한 모습의 디오니소스를 만날 수 있다니.

하케셔마르크트 전철역에서 내려 남쪽 출구로 나아가니 멀리 베를린

대성당의 웅장한 모습이 눈에 들어온다. 아이들과 함께 산책 나온 젊은 부부들, 왼편의 서점에서 진열된 신간 서적들을 살펴보고 있는 대학생들, 포즈를 잡고 기념사진을 찍느라 여념이 없는 관광객들 사이로 걷다 보면 박물관 섬으로 건너가는 조그만 다리가 나온다. 유럽의 다리들은 아마 거리의 악사들을 위해 지어졌나 보다. 동전 몇 닢이 들어 있는 모자 앞에서 바이올린을 연주하는 악사의 실력이 보통이 넘는 것 같다. 한참 구경하다 쑥스럽게 동전을 집어넣고 발을 재촉한다. 오른편으로 꺾어 들면 다리 건너편에 페르가몬 박물관의 모습이 드러난다.

페르가몬 박물관의 진가는 바깥보다 안에서 두드러진다. 건물 안으로 들어서면 대제단의 웅장한 모습이 보는 이를 압도한다. 터키 서부 해안 베르가마에 위치한, 기원전 2~3세기에 번성했던 고대 오리엔트 왕국 페르가몬 유적지에서 발굴된 제우스의 대제단을 그대로 옮겨놓은 현관은 한마디로 장관이다. 신들이 거인과 싸우는 모습을 부조로 묘사한 페르가몬 제단은 헬레니즘 건축 예술의 최고 걸작으로 꼽힌다. 그 자체 고대 예술품인 제단을 감상하는 것도 의미 있지만, 고대로 시간 여행을 떠나 아크로폴리스를 체험하며 고대 그리스 신들의 세계를 상상하는 것도 재미있다. 계단에 앉으니 얼마 전 터키 여행 때 다녀온 페르가몬의 모습이 생생하게 떠오른다.

한때는 알렉산드리아와 더불어 고대 그리스의 문화와 교육 중심지였던 페르가몬은 폐허로 남아 있었다. 고대 그리스에서 두 번째로 큰 도서관이었던 페르가몬 도서관은 20여만 권의 두루마리 책을 소장하고 있었다니, 당시 세계의 지식인들이 그곳으로 몰려드는 모습이 한 폭의 그림으로 그려진다. 문화와 교육을 놓고 페르가몬과 경쟁했던 알렉산드리아가 파피루스 수출을 금지하자 페르가몬이 궁여지책으로 발명한

터키 베르가마에 있는 페르가몬 유적. 제우스 대제단이 있었던 곳에는 나무가 자라고 있다.

페르가몬 박물관의
제우스 대제단

것이 양피지라고 한다. 국력은 교육에서 나온다는 말이 실감 난다. 지금 터키의 베르가마에는 페르가몬의 폐허만 남아 있고, 페르가몬 왕국의 유물들은 이곳 베를린에 있지 않은가. 고대 유물 감상에 지친 다리를 달래려고 계단에 걸터앉으면 우리의 머리는 이미 상상의 날개를 편다.

왜 니체는 그 많은 신들 중에서 디오니소스를 선택한 것일까? 우리에게 주신酒神, 포도주의 신으로 알려진 디오니소스가 왜 니체의 신이 된 것일까? 신을 믿지 않는 철저하게 세속화된 사회에서 사람들이 여전히 신을 찾는 까닭은 무엇인가? 니체는 이런 질문에 어떤 대답을 해줄 것인가? 니체는 1870년 여름 〈디오니소스적 세계관〉이라는 짤막한 글을 쓴다. 이 글에서 그는 처음으로 "디오니소스적인 것"과 "아폴론적인 것"을 예술의 두 원리로 도입한다. 아폴론적인 것은 '꿈'이고, 디오니소스적인 것은 '도취'이다. 꿈은 자아의 이상을 가리키고, 도취는 무아의 황홀을 가리킨다. 꿈과 도취를 빼놓고 우리의 삶을 생각할 수 있을까. 꿈과 도취는 신처럼 우리의 삶을 지배하는 두 가지 원리이다.

자신들의 세계관이 가지고 있는 비밀스러운 이론을 자신들의 신을 통해 말하고 동시에 숨겼던 그리스인들은 예술의 이중적 원천으로 아폴론과 디오니소스 두 신을 내세웠다. 예술의 영역에서 이 이름들은 대립되는 양식들을 대변한다. 이 양식들은 상호 투쟁 속에서도 거의 항상 나란히 등장하며, 오직 한 번 그리스의 '의지'가 꽃피웠던 절정의 순간에 아티카 비극의 예술 작품으로 융해되어 나타난다.[3]

예술의 양 축을 이루는 아폴론과 디오니소스 가운데 니체는 디오니소스를 선호한다. 예술을 아름다움의 영역으로 생각하는 사람에게는

디오니소스 상. 조각 양식에서
그리스 문화와 동방 문화의
융합을 볼 수 있다.

의외일 수밖에 없다. 아폴론은 빛의 신이다. 빛이 있어야 우리는 사물을
볼 수 있다. 저것은 아폴론의 조각상이고 이것은 디오니소스의 조각상
이라고 구별할 수 있는 것도 빛 덕택이다. 하나하나의 사물이 아름답게
빛날 수 있는 것은 빛 때문이다. 그렇다면 니체는 왜 아름다움의 신
아폴론보다 디오니소스를 좋아하는 것일까? 디오니소스가 상징하는
광기, 도취, 무아경은 어떤 점에서 예술과 연관이 있는 것일까? 아폴론
이 낮이라면, 디오니소스는 밤이다. 낮에는 사물과 사물의 경계가
뚜렷하다면, 밤에는 모두가 하나가 되어 경계가 사라져버린다.

도취가 자연이 인간과 행하는 유희라고 한다면, 디오니소스적 예술가의 창조는 도취와의 유희다. 사람들이 도취를 스스로 경험하지 않았다면, 이 상태는 오로지 비유적으로만 파악될 수 있다. 그것은 사람들이 꿈을 꾸면서 동시에 꿈을 꿈이라고 느끼는 것과 비슷한 것이다. 마찬가지로 디오니소스를 경배하는 사람은 도취 상태에 있어야 하고, 동시에 관찰자로서 자신 뒤에 잠복하고 있어야 한다. 냉정과 도취가 번갈아 나타나는 상태에서가 아니라 나란히 나타나는 병존 상태에서 디오니소스적 예술가가 드러난다.[4]

현대 예술은 니체와 함께 시작한다. 꿈에서 도취로, 아름다움에서 추함으로, 동질적인 것에서 이질적인 것으로의 전환을 상징하는 것이 바로 니체다. 니체가 디오니소스를 선택한 것은 우연이 아니다. 이러한 사실은 이번 전시회에서도 잘 드러난다. 고대 그리스에서도 디오니소스는 결코 간단명료한 신이 아니었다. 다양하고, 이질적이고, 혼합되어 있고, 끊임없이 변화하는 신이 바로 디오니소스이다. 현대 문화의 기호가 잡종과 혼합을 뜻하는 하이브리드hybrid라고 한다면, 디오니소스는 바로 하이브리드의 신이다. 다양한 종교와 전통, 낯설고 이질적인 문화를 배경으로 하는 디오니소스는 그 자체 다양한 모습으로 변신한다. 디오니소스는 어쩌면 서양과 다르고 대립되는 모든 것, 즉 타자他者를 상징할지도 모른다.

일탈은 언제나 유혹적이다. 익숙한 것, 정상적인 것으로부터 일탈하지 않고는 결코 다른 것을 경험할 수 없다. 낯선 곳이 두렵다면, 우리는 결코 다른 것을 알 수 없다. 오디세우스의 트로이 전쟁 후 10년간의 해상 표류와 귀향을 그린 호메로스의 장편 서사시 《오디세이아》처럼 여행의 묘미는 모험이다. 사람 사는 모습이 뭐 다를 게 있느냐고 생각하는 사람은 여행을 할 수 없다. 여행을 하면 삶의 모습이 조금씩 다르다는 것을 알게 된다. 문화를 구별하는 것은 바로 이 '작은 차이'이다. 우리의 삶은 이러한 차이와 모순들로 이루어진 것은 아닐까. 그렇지만 다른 것을 다르게 받아들이는 것은 아폴론의 일이다. 나와 타자, 익숙한 것과 낯선 것, 정상적인 것과 비정상적인 것을 갈라놓는 것은 아폴론의 과제이다. 포도주의 신 디오니소스는 도취 속에서 타자와 하나가 되기를 원한다. 취하면 모두가 하나가 된다. 자연의 삶이 모든 모순에도 불구하고 하나인 것처럼, 디오니소스는 삶을 있는 그대로 긍정한다.

디오니소스에 관한 상상만으로도 온몸에 전율이 일어난다. 원형극장에 모인 모든 사람들이 디오니소스 축제를 통해 하나가 되는 모습이 생생하게 그려진다. 도취의 힘은 충만함에서 온다. 디오니소스적 예술은 타자와의 합일을 통해 이루어지는 엑스터시를 표현한다. '모든 예술은 섹시하다.' 이 말을 머릿속에 쓰면서 마치 대단한 발견이라도 한 것처럼 우쭐해진 것도 잠시, 얼마 전 들었던 말이 생각난다. "베를린은 가난하지만 섹시하다." 시의 재정 상태는 좋지 않지만 도시는 매력적이라는 사실을 강조하기 위해 시장이 내뱉은 말이 사람들의 입에 오르내리고 있었다. 말은 서로 인용하는가 보다. 아무튼, 섹시하지 않은 예술은 예술이 아님이 틀림없다.

> 예술가는 도취 상태를 깨닫게 해주는 수단을 바로 그 수단 때문에 점점 더 사랑한다. 예술 작품은 도취의 상태를 자극하는 작용을 한다.[5]

우리는 도취 상태에서만 다른 사람과 하나가 될 수 있다. "디오니소스적 도취 속에는 성적인 것과 관능적 쾌락이 들어 있다"[6]는 니체의 말이 떠오른다. 니체는 왜 평생 동안 그토록 디오니소스를 따라다닌 것일까? 그는 무엇과 하나가 되고자 했던 것일까? 박물관에 전시된 다양한 모습의 석상들은 모두 이런 질문을 던지고 있는 것처럼 보인다.

*

베를린에서 니체를 만날 줄은 정말 몰랐다. 어제 페르가몬 박물관에서 느꼈던 감동이 여진처럼 몰려온다. 자극이 너무 많으면 감각이 무뎌지기 마련이지만, 니체의 눈으로 디오니소스만을 보아서 그런지 이번에는 여운이 꽤 길다. 외국 출장을 비교적 많이 다닌 내게 언제부터인가 이상한 습관이 하나 생겼다. 우연히 박물관이나 미술관에 들르면 가능한 한 많이 보려고 욕심내지 않고 '하나'만 챙기려 한다. 유명한 성당을 여러 군데 돌아다니다 보면 그 성당이 그 성당 같아 보이는 것처럼, 아무리 유명한 예술 작품이라도 너무 많이 보면 기억에 남는 것이 별로 없다. 유명하지 않으면 어떤가. 가슴에 와 닿는 그림 하나, 조각 하나면 되지. 고대 그리스 신들의 이름을 모두 기억하기도 어려운데 이름과 석상을 맞추는 일은 오죽할까. 많이 보는 것이 능사가 아니다. 마음으로 읽는 것이 중요하다.

오늘은 베를린의 또 다른 문화 중심지 쿨투어포룸으로 향하기로 했다. 이곳에도 세계적인 컬렉션을 자랑하는 미술관이 두 곳이나 있지만 오늘은 눈을 더 피로하게 만들 자신이 없었다. 오늘은 베를린 필하모니에서 구스타프 말러 교향곡 3번 연주가 있다. 정말 우연에 우연의 연속이다. 베를린에 오면 꼭 베를린 필하모니의 연주를 들어야겠다고 생각했지만, 말러의 교향곡을 들을 줄은 몰랐다. 리하르트 슈트라우스와 함께 음악과 문학을 결합한 음악가가 바로 말러이다. 죽는 순간에도 책을 손에서 놓지 않았던 말러는 니체에게 깊은 영향을 받았다고 한다. 슈트라우스는《차라투스트라는 이렇게 말했다》에 교향시를 바쳤고, 말러는 교향곡 3번 4악장에서《차라투스트라는 이렇게 말했다》에 나오는 시를 알토 독창곡으로 빚어냈다. 니체가 그랬던 것처럼 말러 역시 당대의 음악가들에게 이해받지 못했다. 그는 시대를 앞서 간 음악가였다. "빈에는 모든 것이 25년 뒤에 들어오기" 때문에 "이 세상의 끝자락엔 빈에 있고 싶다"고 말한 게 말러이다. "나의 음악을 이해할 시대가 앞으로 올 것이다"라는 말러의 말에서 니체가 느껴진다. 말러의 교향곡을 디오니소스 특별전이 열리는 베를린에서 듣게 된 것이 우연이 아닌가 보다.

시간이 남아 지하철을 타지 않고 걷기로 했다. 브란덴부르크 문에서 티어가르텐 공원을 왼편으로 끼고 남쪽 방향으로 걷다 보면 통독 이후 통일의 상징적 공간처럼 개발된 포츠담 광장의 건축물이 눈에 들어온다. 유럽의 도시는 걸을 수 있어 좋다. 쾌적한 공기, 풍요로운 숲, 알맞게 많은 사람들이 어울려 도시를 걷는 재미를 만들어낸다. 포츠담 광장은 현대 건축의 전시장 같다. 어떤 사람들은 미래 건축의 모델을 제시했다고 말하고, 어떤 사람들은 예술 애호가 흉내를 낸 졸렬한 도시 건축이라고 혹평한다. 새로운 시도에는 항상 엇갈린 평가가 있기 마련인데, 이 도시 건축에 렌초 피아노Renzo Piano, 리처드 로저스Richard Rogers, 헬무트 얀Helmut Jahn 같은 세계적인 건축가들이 참여했다는 사실만으로도 볼 만한 가치가 있는 것 같다.

포츠담 광장은 '도시 속의 도시'이다. 한때는 허허벌판이었던 자리에 10개의 거리, 19개의 건물이 들어서 평균 10만여 명의 사람들이 매일

'도시 속의 도시' 포츠담 광장의 모습

드나드는 공간. 이곳에 들어서면 마치 '현대 자본주의의 내장'을 들여다보는 것 같은 느낌을 강하게 받는다. 강철과 유리로 이루어진 건축 앙상블에는 아파트, 사무실, 영화관, 식당, 아케이드, 박물관이 모두 서로서로 얽혀 있다. 바깥에 나갈 필요 없이 안에서 모든 것이 해결되는 공간, 그것이 바로 현대 건축의 핵심인가 보다. 헬무트 얀이 건축한 소니 센터는 그중에서도 으뜸이다. 둥글게 펼쳐진 하얀 천막처럼 보이는 둥근 지붕이 유리와 어울려 이색적인 도시 건축의 아름다움을 자아낸다. 건물 중심에 있는 천장까지 뚫린 원형 공간은 고대 그리스의 아고라처럼 공공 공간의 연장처럼 보인다. 그렇지만 포룸Forum이라 불리는 이곳은 소통의 공간이라기보다는 조망의 공간인 듯하다. 이곳에 앉아 사람들을 관찰하고, 동시에 사람들에게 관찰당한다. 그것이 아마 현대

베를린 필하모니 홀 외관

인의 재미이겠지. 재미도 잠시, 어쩐지 불편하다.

눈 덮인 후지 산을 상징한다는 소니 센터를 뒤로하고 베를린 필하모
니 홀로 향했다. 도시 건축엔 건물보다 거리가 더 중요한 것 같다. 걷는
맛이 괜찮다. 포츠담 광장의 비즈니스 센터 바로 옆에 음악과 미술을
즐길 수 있는 예술 공간이 있다는 것이 정말 부럽다. 감귤 색 필하모니
홀 건물 앞에는 벌써 많은 사람들이 모여 있었다. 인터넷으로 미리
예약해서 그런지 자리가 비교적 괜찮았다. 우리 부부 곁엔 80대 중반의
노부부가 앉아 있었다. 우리도 저 나이에 연주회에 다닐 수 있을는지.

필하모니의 홀 내부는 탁 트여 있어 좋았다. 오케스트라 무대가 연주
홀 한가운데에 위치해 있어 공간이 더 넓어 보였다. 관객석에 둘러싸인
오케스트라 무대 위에는 공간 음향을 위한 것인지 여러 개의 천막이

걸려 있는데, 그 실루엣이 아름다웠다. 이리저리 둘러보고 있는데 주위가 갑자기 조용해졌다. 연주가 시작되었다. 지휘자가 춤을 췄다. 교향곡이란 음으로 세계를 창조하는 것이라는 말러의 말이 생각난다. 세계가 질서 있게 창조된 것이라면, 교향곡은 이 세계를 음으로 재현하는 것이다. 그래서 말러가 '음악의 형이상학자'라는 말을 듣는 것인가?

말러에겐 자연의 모든 것이 말을 한다. 집 앞의 산, 목초지에 핀 꽃들, 숲속의 짐승들, 아침의 종소리가 이야기를 한다. 깜깜한 밤도 이야기를 하고, 삶과 사랑도 말을 건넨다. 알토가 노래를 시작한다.

> 오, 사람이여! 조심하라!
> 깊은 한밤중은 무엇을 말하는가?
> 나는 잠을 잤노라, 잠을 잤노라.
> 깊은 꿈에서 나는 깨어났다.
> 세계는 깊다.
> 그리고 낮이 생각한 것보다 한층 더 깊다.
> 오, 사람이여!
> 깊다! 세계의 고통은 깊다!
> 기쁨은 마음의 근심보다 깊다.
> 고통은 말한다, 사라져라!
> 그러나 모든 기쁨은 영원을 원한다.
> 깊디깊은 영원을 원한다![7]

차라투스트라는 이렇게 말했다. 사람들은 외투를 걸치고 삼삼오오 빠져나가는데 차라투스트라의 말은 여전히 귓가를 맴돈다. "세계는 낮이 생각한 것보다 훨씬 더 깊다." 밤이 낮보다 더 깊다는 것은 도대체 무슨 뜻인가? 우리가 보는 것이 다가 아니라면, 니체는 차라투스트라를 통해 세계의 피부 밑을 보려 했던 것인가? 음악은 우리가 보지 못하는 곳을 파고든다. 우리의 심장을 뛰게 하고, 우리의 영혼을 울린다. 우리의 몸은 우리가 의식으로 생각하는 것보다 훨씬 많은 것을 본다고 생각한 니체에게 음악은 분명 좋은 인식의 수단이다. 이런 생각이 말러 교향곡 5악장에서 어린이 합창단이 부른 〈세 천사가 노래해〉와 뒤섞여 머리가 어지럽다.

> 빔-밤, 빔-밤 빔-밤.
> 세 천사가 감미로운 노래를 불렀다.
> 낮이 생각한 것보다 한층 더 깊다.

음악에 취해 베를린의 밤 속으로 깊이깊이 빠져 들어간다.

2
라이프치히

음악이
철학을 만나는
도시

*

음악은 세계 어디에나 있다. 사랑을 하면 세계를 다른 눈으로 보게 되는 것처럼, 음악에 감동을 받으면 세계가 달리 보인다. 새의 지저귐, 전선의 울음소리, 덜커덩거리고 지나가는 전철, 바람에 뒹구는 휴지 조각, 손님을 불러 모으는 호객꾼의 외침, 문틈 사이로 흘러나오는 재즈 음악, 팔락거리는 플래카드. 모든 것이 음악이 된다. 음악이 사라지면 활기찼던 세계가 숨을 멈추는 것을 보면, 세계는 분명 음악으로 존재한다.

디오니소스 전시회를 본 지 얼마 안 되어 구스타프 말러의 교향곡을 들었기 때문인지 자꾸 미술과 음악을 비교하게 된다. 미술은 보고, 음악은 듣는다. 생각하는 방식에도 두 가지가 있지 않을까. '보는 생각' 그리고 '듣는 생각'. 본다는 것은 구별한다는 것이다. 이것은 아폴론, 그리고 저것은 디오니소스라고 말하는 것이 보는 생각이다. 보는 생각은 분명하게 구별된 두 가지를 나란히 세워 놓는다. 우리 눈앞에 놓는다. 꽃병과 해바라기, 올리브 나무가 있는 들판과 별이 가득한 하늘이 어우러져 고흐의 그림이 된다. 사물과 사물, 말과 말, 이미지와 이미지를 '의미 있게' 연결하는 것이 보는 생각이다. 그렇다면 듣는 생각은 무엇일까? 사람들은 음악을 들으면서 구체적인 사물과 풍경을 상상하기도 하지만, 음악은 부분보다는 전체를 향한 것처럼 보인다. 우리와 세계를 하나로 묶는 묘한 힘이 음악엔 있다. 음악 없이는 신바람이 나지 않고, 신바람이 불지 않으면 사람들이 하나가 되지 않는다. 그래서 그림은 각자 따로따로 보고, 음악은 함께 듣는 법인가 보다.

　나는 어떤 종류의 사람일까? 세계를 합일의 신비로운 음으로 듣는 운문적 사람일까, 세상의 하나하나를 따져보는 산문적 사람일까. 베를린 한복판에 위치한 오이로파 센터에서 렌터카를 빌려 라이프치히로 향하는 동안 내내 이 생각이 떠나지 않았다. 30년 전 독일에서 유학할 때는 아름답게만 보였던 고속도로변의 울창한 소나무 숲이 밋밋하고 단조롭기 짝이 없다. 차 안의 오디오에서는 바흐의 칸타타가 흘러나오지만, 음악은 머리를 맴도는 잡생각 때문에 뚝뚝 끊어진다. 니체는 왜 음악에서 철학적 사유의 원형을 발견할 것일까? 음악은 니체에게 어떤 의미가 있는 것인가? 음악을 좋아했던 사람이 왜 따분한 문헌학을 하게 된 것일까?

　니체에게 음악은 모든 것이었다. 세계의 참모습을 보여주는 것은 그림이 아니라 음악이기 때문이다. 우리가 보는 것은 세계의 겉모습일 뿐이다. 아름다운 외면 속에 숨겨진 세계의 참모습은 무시무시한 것이다. 무시무시하다는 말의 '무시'는 혹 존재가 없어 볼 수 없다는 의미에서의 '무시無始'가 아닐까? 아니면 아무리 거슬러 올라가도 그 처음을 알 수 없다는 의미에서의 '무시無始'일까? 끝도 없고 볼 수도 없는 깊은 구렁을 우리는 심연이라 부른다. 니체에게 삶은 한밤중과 같은 심연이다. 아름답기보다는 추하고, 이성적이기보다는 본능적이고, 질서보다는 혼돈이 지배하는 것이 바로 삶이다. 삶이 이처럼 무시무시한 것일지라도 우리는 본연의 삶과 일체감을 느끼려 한다. 이러한 삶의 오르가슴을 느끼게 하는 것이 바로 음악이다. 음악을 들으면, 우리는 세계와 하나가 된다.

오늘의 목적지는 라이프치히의 토마스 교회이다. 니체가 태어나 청소년기를 보낸 뢰켄과 나움부르크가 이곳에서 얼마 멀지 않아 라이프치히를 먼저 보기로 했다. 바흐가 1723년부터 1750년 죽을 때까지 활동한 토마스 교회를 먼저 둘러본 다음 아무런 계획 없이 니체의 흔적을 찾아볼 생각이었다. 주차장에 차를 세워놓고 운하를 건너니 도로 반대편의 동상 하나가 눈에 들어온다. 바흐 동상이라는 생각이 들었다. 비가 온 후라서 그런지 거리엔 사람들이 많지 않았다. 길을 건너서야 토마스 교회로 올라가는 삼거리에 세워져 있는 동상이 멘델스존의 동상이라는 것을 알았다. 그러고 보니 2009년이 펠릭스 멘델스존 바르톨디의 탄생 200주년이다. 도시 곳곳에 멘델스존을 기념하는 음악회의 포스터와 플래카드가 걸려 있었던 데는 다 이유가 있었다. 라이프치히 게반트하우스에서 활동하고 독일 최초의 음악 대학을 설립한 음악가가 멘델스존이니 이 도시는 정말 음악의 도시인가 보다.

토마스 교회는 멘델스존 동상에서 얼마 멀지 않았다. 돌을 던지면 닿을 거리였다. 교회

라이프치히에 있는 멘델스존 동상

에 가까워질수록 음악의 세계로 들어가는 것 같아 가슴이 두근거린다. 니체는 세계를 둘로 나눈다. 음악이 있는 세계와 음악과 거리가 먼 세계. 그의 어린 시절은 음악이 충만했다. 그는 자기가 다섯 살 때 죽은 아버지를 생각할 때에도 음악을 떠올린다. 니체의 아버지는 "피아노를 자유롭게 즉흥적으로 연주하는 실력"[1]을 갖고 있었다. 니체는 즉흥 연주처럼 삶의 순간을 연주하려 했던 것일까. 그는 어린 시절 헨델의 〈메시아〉 합창곡을 듣고는 "마치 그리스도의 승천을 찬미하는 천사들의 노래 같아 나도 음정을 맞춰야 한다"고 생각할 만큼 강렬한 감동을 받았다고 한다. 이 순간 니체는 "이와 비슷한 것을 작곡해야겠다는 결심을 진지하게"[2] 한다. 니체의 철학은 언어로 빚어낸 음악이다. 아무리 모순적이고 대립적인 것처럼 보여도 보이지 않는 질서가 존재한다는 직관적 경험은 그를 음악의 세계로 인도한다.

    모차르트, 하이든, 슈베르트, 멘델스존, 베토벤, 그리고 바흐. 이들은
    독일 음악과 나의 기반이 되는 기둥들이다.[3]

  토마스 교회 안에는 바깥과 마찬가지로 사람들이 많지 않았다. 너무 좋았다. 때마침 바흐의 오르간 곡이 연주되고 있었다. 너무 행복했다. 내가 사랑하는 사람이 너무나 좋아해서 좋아진 사람이 바흐이다. 바흐의 음악을 들으면 도취의 눈물이 저절로 난다고 하니 관심이 가지 않을 수 없다. 오르가슴을 느낄 정도는 아니지만 어떤 때는 정말 좋다. 무엇보다 질서가 느껴진다. 조화와 균형이 느껴진다. 아니, 그냥 좋다. 어린 니체가 말한 것처럼 전지전능한 신의 인도를 보는 것 같다.

신이 우리에게 음악을 주신 것은 우리가 그것을 통해 위로 인도되도록 하기 위해서이다. 음악은 모든 특성들을 자기 안에 결합시킨다. 음악은 고양시킬 수 있고, 음악은 농락시킬 수 있다. 음악은 우리를 명랑하게 만들 수 있으며, 음악은 부드럽고 애처로운 소리로 거칠기 짝이 없는 마음도 꺾을 수 있다. 그렇지만 음악의 주요 사명은 우리의 사상을 보다 높은 곳으로 인도하고, 우리를 고양시키고, 우리를 흔들어놓는 것이다.[4]

열다섯 어린 니체의 이 말이 귀에 맴돌면서 오르간 연주가 끝났다.

음악이 끝나자 실내 풍경이 눈에 들어온다. 유럽의 교회 건물들은 대체로 웅장하거나 육중하여 압박감을 주는데 이 교회는 그렇지 않아서 좋다. 차분히 앉아 음악을 감상할 수 있는 조그만 음악 감상실 같다. 기도가 우리 마음을 텅 비우는 명상이라면, 기도를 해도 좋을 것 같다. 경건한 마음이 자연스럽게 드는 것은 장식이 별로 없어서인가 보다. 하얀색 천장을 받치고 있는 밤색 들보의 엇갈린 무늬가 묘한 조화를 이룬다.

단순함은 경건함을 낳는다. 사랑과 증오, 기쁨과 고통, 희망과 절망이 교차하는 우리의 삶이 복잡하기 때문일 것이다. "사는 게 왜 이리 복잡해!" 우리의 삶이 겉돌 때 삶은 복잡해진다. 복잡성을 뛰어넘는 단순함은 없는 것일까. 복잡한 삶을 회피하거나 부정하지 않으면서 '단순하게' 살 수 있는 방법은 없을까. 니체의 디오니소스처럼 삶을 춤추듯 살 수는 없는 것일까. 나의 삶의 목적은 단순하게 사는 것이다. 언젠가 산책을 하면서 했던 생각이 떠오른다. 단순함을 뜻하는 영어 단어 '심플simple'은 '심풀心full'이다. 마음이 충만해야 사람은 단순해질 수 있는 법이다. 문제는 우리가 얼마나 많은 모순과 갈등을 견뎌낼 수 있는가 하는 것이다.

토마스 교회의 오르간

모순을 견뎌낼 수 있음은 문화의 높은 징표이다.[5]

토마스 교회는 바흐의 음악을 빼닮았다. 복잡성을 초월한 단순함. 토마스 교회에서 몇 분 동안 앉아 있는 것만으로도 라이프치히에 잘 왔다는 생각이 든다. 내가 차라투스트라를 찾아 나선 것도 놀이를 하는 어린아이의 단순한 삶을 좇고자 해서가 아니었는가. 어쩌면 니체가 찾았던 음악의 원형은 바그너가 아니라 바흐일지 모른다. 토마스 교회의 제단은 소박하게 꾸며져 있다. 그 앞 바닥에는 바흐의 무덤이 있다. 바흐가 그려진 색유리창을 바라보며 옆으로 돌아가니 조그만 교회 박물관이 나타난다. 악기들을 전시하는 그 조그만 공간에는 죽음을 대하는 바흐의 삶의 흔적이 함께 전시되어 있었다. 삶은 죽음에 이르는 과정이기에 죽음을 사유하지 않고는 삶을 단순하게 살 수 없다. 죽음의 관점에서 보면 그렇게 복잡할 것도 없을 터인데.

우리는 죽음을 맞이하며 어떤 말을 할 수 있을까? 이 삶을 다시 한번 살기를 간절히 원하며 죽음을 맞이할 수 있을까? 잘 죽을 수 있으면 좋으련만. 바흐의 말이 가슴에 깊이 새겨진다.

그것으로 충분합니다.
주여, 당신의 뜻이라면
저를 놓아 쉬게 하십시오!
나의 예수가 오십니다.
오, 세상이여 안녕!
나는 하늘나라로 갑니다.
평화 속에 안전하게 갑니다.

나의 비탄은 남겨둡니다.

그것으로 충분합니다.

작품 번호(BWV) 60번 칸타타의 다섯 번째 구절이다. 처음과 끝의 말이 인상적이다. "그것으로 충분합니다." Es ist genug. It is enough. 우리의 삶이 복잡한 것은 더 많이 가지려는 욕망 때문이 아닐까. 우리가 매 순간 '충분해'라고 말할 수 있다면, 우리의 삶은 조금 더 단순해지지 않을까. 디오니소스가 삶의 충동과 격정을 노래한다면, 차라투스트라의 철학은 오히려 바흐 음악의 단순함으로 표현된다. 단순함은 삶을 긍정하는 것이다. 우리가 살아가면서 부딪히는 수많은 모순과 갈등을 긍정하는 것이다. 비탄과 불행 앞에 고개를 숙이지 않고 그것을 정면으로 바라본다. 삶 자체를 끌어안으려는 니체의 고통 없이는 단순함을 얻을 수 없을 것 같다는 두려움이 밀려온다.

교회를 나서는데 비로소 교회의 건물이 눈앞에 다가온다. 교회 바로 옆에 있는 기념품 상점에서 바흐의 칸타타가 실린 CD 한 장과 바흐의 얼굴이 그려져 있는 기념 접시 하나를 사 들고 거리로 나섰다. 라이프치히의 거리는 바흐의 음악만큼이나 간단하고 명료하다. 시장을 중심으로 사방으로 뻗어나간 거리들은 호쾌하지만, 건물과 건물을 잇는 골목과 통로들은 아기자기한 맛이 있다. 19세기 중엽 독일의 산업화로 경제적 호황을 누렸던 창업기(그륀더차이트Gründerzeit)의 건물들이 현대적 도시 디자인과 잘 어울린다. 작센 주의 수도인 라이프치히의 인구가 50여만 명이라고 하니 정말 알맞은 규모의 도시이다. 내가 살고 있는 인구 250만 명의 대구보다 더 '도시적'이고 짜임새가 있다. 현대화의 물결에 뒤늦게 뛰어든 한국인들은 유독 거대주의라는 우상 숭배에 빠져 큰

바흐의 동상이 서 있는 토마스 교회 정원

Es ist genung

Begegnung mit dem Sterben
im Leben von Johann Sebastian Bach

AUSSTELLUNG DER HISTORISCHEN MUSIKINSTRUMENTE DER THOMASKIRCHE

토마스 교회 악기 박물관의 바흐 전시.
"그것으로 충분합니다—요한 제바스티
안 바흐의 삶에서 죽음과의 만남."

비 오는 날의 라이프치히 거리

것만을 고집하면서 정작 도시의 매력이라고 할 수 있는 자유의 문화는
뒷전으로 미루고 있지 않은가.

어느 정도 규모의 도시가 현대적 삶에 적당할까? 현대인의 자유를 보
장하는 도시적 익명성과 상상력, 그리고 삶의 물결을 조망할 수 있는 혼
돈 속의 질서가 가능한 도시는 얼마만큼 커야 할까? 아니, 어느 정도 작
아야 할까? 라이프치히를 보면 인구 50만 정도의 규모가 도시의 실질
적 가치를 높일 수 있다는 경제학자 슈마허E. F. Schumacher의 말이 맞는 것
같다. 니체를 더듬어가는 길에서 라이프치히를 알게 되어 니체에게 고
마운 마음이 생긴다. 친구들에게 라이프치히를 가봐야 할 곳으로 추천
해야겠다.

돈과 책과 음악과 학문과 예술이 있는 도시, 그곳이 라이프치히이다. 중부 유럽의 대표적인 박람회인 '라이프치히 메세'가 열리는 곳, 1409년 설립된, 독일에서 두 번째로 오래된 대학이 있는 곳, 그래픽과 책 디자인을 위한 대학이 설립될 정도로 도서 문화가 발전한 책의 도시, 그렇지만 무엇보다 바흐와 멘델스존의 영향을 받아 음악의 전통이 뿌리 깊은 곳이 바로 라이프치히이다. 니체가 1865년 10월 어느 날 라이프치히에 처음 도착하여 아무런 계획 없이 시내를 돌아다닌 것처럼 나도 이곳저곳을 기웃거린다. 우연히 부딪히는 모든 것에 감사하며 니체의 흥분을 느껴본다.

이곳에서 니체는 자신의 삶에 많은 영향을 준 바그너를 만나게 된다. 고전 문헌학 공부를 하면서 모든 것에 냉정하게 거리를 두려 노력했던 니체는 처음엔 바그너에게 상당히 비판적이었다. 니체는 바그너가 "모든 예술적 관심을 흡수하여 소화시키는 현대적 딜레탕트 예술주의"[6]의 대변인으로 비쳤다고 친구에게 고백한다. 모든 것을 삼켜버려 소비하지만 새로운 것을 생산하지 못하는 어설픈 예술 애호가가 딜레탕트이다. 그리고 3주 후에 니체는 연주회에서 비로소 바그너의 가극 〈트리스탄과 이졸데〉와 〈마이스터 징어〉를 듣는다.

니체는 흔들리지 않으려고 애쓰지만 소용이 없었다.

나는 차마 이 음악에 대해서는 비판적으로 냉정해질 수가 없다. 나의 모든 조직과 신경이 떤다. 나는 오랫동안 그와 같이 지속적인 도취의 감정을 가진 적이 없다.[7]

운명의 만남인가. 머리로는 아무리 거리를 두려고 노력해도 가슴이 따라주지 않는다. 니체는 라이프치히에서 이미 재능 있는 문헌학자이자 예술 애호가로 알려져 있었다. 라이프치히 문화계의 중심 역할을 했던 동양학자 브로크하우스Heinrich Brockhaus의 집에서는 당대의 지성인과 예술가들이 교류했는데, 그곳을 방문한 바그너가 니체를 만나고 싶다고 말한다. 당대 최고의 음악가가 자신을 친히 보자고 했으니 니체의 자긍심이 어떠했을까. 니체는 새로 옷을 맞출 정도로 흥분했다. 그러나 옷값을 제때 지불할 수 없었던 니체는 재단사와 싸움만 하고 그냥 입던 옷 그대로의 차림으로 바그너를 만난다. 음악이 철학을 만나게 된 것이다. 바그너는 말할 수 없이 따뜻하게 니체를 대한다. 두 사람은 음악을 이야기하고, 음악의 본질을 인식한 유일한 철학자인 쇼펜하우어를 화제에 올린다. 친절할 뿐만 아니라 직접 피아노로 몇 곡을 연주해주기까지 한 바그너의 마법에 니체는 홀리지 않을 수 없었을 것이다. 바그너는 음악과 철학을 하자고 니체를 초청한다. 라이프치히에서 이렇게 음악이 철학을 만난다. 라이프치히는 어쩌면 니체가 철학을 음악적으로 할 수 있는 토양을 제공했는지도 모른다. 거리를 걷다 보면 자꾸 이런 생각이 굳어진다.

*

만남은 때때로 예기치 못한 전환을 가져온다. 니체가 바그너를 만나지 않았더라도 과연 음악과 철학을 연결하려는 시도를 했을까. 니체가 바그너를 처음 만난 곳이 라이프치히이지만, 그가 철학에 대한 열정을 발견한 곳도 바로 라이프치히이다. 이곳에서 그는 쇼펜하우어를 발견한다. 니체가 쇼펜하우어의 《의지와 표상으로서의 세계*Die Welt als Wille und Vorstellung*》를 발견한 고서점이 과연 어디쯤 있을까. 의문은 사람을 이리저리 방황하게 만든다.

라이프치히는 정말 괴테가 말한 것처럼 "작은 파리"라는 생각을 하고 있는데 갑자기 낯익은 이름이 시선을 끈다. '아우어바흐 켈러'. 16세기부터 사람들이 즐겨 찾는 유명한 지하 주점이지만, 이 식당을 유명하게 만든 것은 바로 괴테이다. 그는 1765년부터 1768년까지 라이프치히 대학에서 공부할 때 즐겨 들렀던 이 주점을 문학사에서 가장 유명한 장소로 만든다. 《파우스트》에서 메피스토가 학생들과 술을 마시며 마법을 걸었던 곳이 눈앞에 나타난 것이다. 그러고 보니 지하 주점 입구에 서 있는 두 조각상은 영락없는 메피스토와 학생이다. 한 미국 연구에 따르면 이 식당은 뮌헨의 호프브로이 하우스, 로스엔젤레스의 하드 록 카페 등과 함께 세계에서 다섯 번째로 유명한 식당이란다. 그래서 그런지 음식 값 역시 만만치 않다. 지금은 괴테가 동료들과 토론하던 분위기는 온데간데없고 그저 관광 명소로서의 이름값 때문에 비싸기만 할 뿐이라고 스스로를 위로하고 다시 거리로 나선다.

음악이 사라진 자리엔 무미건조한 질문이 고개를 내민다. 음악에 전율했던 니체가 왜 대학에서 고전 문헌학을 택했을까? 왜 그는 자신의 본능을 따르지 않았던 것일까? 어렸을 적부터 니체를 괴롭힌 문제는 바로 자기 자신이었다. 어떻게 본래부터 존재하는 자기 자신이 될 수 있는가? 1868년 니체는 "자기 관찰"이라는 제목의 글에서 이렇게 적는다.

그것은 기만한다. 너 자신을 알라. 관찰을 통해서가 아니라 행위를 통해. 관찰은 에너지를 저지한다. 관찰은 분해시키고 분열시킨다. 본능이

최선이다.[8]

니체의 본능은 공자가 말하는 종심從心과 같다. 마음이 원하는 대로
해도 정도에서 벗어나지 않는 것이 바로 니체의 본능이다. 그렇다면
마음이 원하는 것이 무엇인지 알아야 한다. 이게 제일 힘들다. 자신이
원하는 것이 무엇인지를 아는 것이 그리 간단하다면 얼마나 좋겠는가.

우리의 마음이 무엇을 원하는지 알지 못하기 때문에 우리는 자기 관
찰을 한다. 어떤 때는 남의 말을 듣고, 어떤 때는 시류에 편승한다. 자기
관찰은 외부의 영향에 대항할 수 있는 좋은 무기이다. 자기를 관찰하다
보면, 자기 관찰의 최대 장애가 바로 자기 자신이라는 것을 알게 된다.
자신이 문제였던 니체는 왜 철학 대신 고전 문헌학을 선택한 것일까?
포르타 김나지움 선생님이 좋아서였을까, 언어에 대한 천부적 재능 때
문이었을까, 모든 것을 연결하고 결합하는 데 관심이 많았기 때문일까?
스물다섯의 젊은 나이에 바젤 대학 교수로 초빙되면서 니체는 스스로
자신을 관찰한다.

> 보편성 속에서 몰락하지 않겠다는 감정이 나를 엄격한 학문의 품 안
> 으로 몰아넣었다. 그리고 나를 학문으로 인도한 것은 예술가적 경향으
> 로 인한 격한 감정의 변화로부터 객관성의 항구로 피해 스스로를 구원
> 하고 싶다는 동경이었다.[9]

예술에 대한 충동이 두려웠던 것일까? 그가 고전 문헌학을 하게 된
것이 외부의 강요 때문도 아니고 안정된 직업과 성공에 대한 전망 때문
도 아니고 학문에 대한 열정 때문도 아니었다면, 니체는 예술로부터

학문으로 도피한 것이다.

니체는 처음엔 아버지의 뒤를 이어 목사가 되라는 어머니의 소망을 따른다. 본 대학에서 신학 공부를 시작하지만 한 학기도 안 되어 신학을 중단하고 고전 문헌학에 전념한다. 기독교 분위기에서 성장한 니체는 기독교를 버릴 수는 없었지만, 부활과 은총 그리고 신앙을 통해 구원받을 수 있다는 교리를 더 이상 믿을 수 없었다. 1865년 니체는 고전 문헌학을 공부하기로 결정한다. 그가 스스로 원한 게 아니면서도 유곽을 방문하게 된 것 또한 바로 이해이다. 니체는 라이프치히 대학에서 초빙받은 고전 문헌학 교수 리츨F. W. Ritschl을 따라 라이프치히로 온다. 당시 리츨 교수는 고전 문헌학이라는 하늘에서 비도 내리게 하고 해도 빛나게 할 수 있는 존재였다고 하니 리츨 교수의 후원을 받는다는 것은 이미 성공의 길로 들어선 것이나 다를 바 없었다.

니체는 종교의 '믿음'을 포기하고 학문의 '진리'를 선택하지만, 그가 선택한 고전 문헌학은 진리 탐구와는 거리가 멀었다. 사람에게 위안을 주는 것을 믿는 것은 편안하고 쉽지만, 진리를 좇는 것은 어렵고 험난하다고 니체는 누이동생에게 털어놓는다.

> 네가 마음의 평안과 행복을 추구한다면, 믿어라. 네가 진리의 사도이기를 원한다면, 탐구해라.[10]

믿음은 편안하지만, 진리는 불편하다. "극도로 혐오스럽고 추할 수 있는 것"이 진리이기 때문이다. 그래서 많은 사람들은 불편한 진리 앞에서 눈을 돌려 자기 편한 대로 믿으려 한다. 니체는 진리와 진실성을 끝까지 몰고 갔기 때문에 위대한 것인지도 모른다.

니체의 숨겨진 본능은 촉발되기만을 호시탐탐 기다리고 있었다. 니체는 1865년 10월 어느 날 라이프치히의 고서점에서 두 권으로 된 쇼펜하우어의 《의지와 표상으로서의 세계》를 샀다. 책에는 세 종류가 있다. 호기심으로 샀지만 몇 페이지 읽지도 않고 책장의 자리만 차지하는 책, 읽어야만 할 것 같은 압박감에서 힘들게 꾸역꾸역 읽어가는 책, 그리고 낯설지만 처음 몇 줄에 매료되어 단숨에 끝까지 읽어버리는 책. 니체는 쇼펜하우어의 책을 사자마자 통독을 하고, 그 후 얼마 동안은 쇼펜하우어의 사상에 취해 지낸다.

> 아침부터 저녁까지 나의 노력은 내 자신에게 맞는 삶을 만드는 것이었다. 나는 집에 행복하게 은둔함으로써 나의 마음을 모을 수 있었다. 이런 상태에서 쇼펜하우어의 주저를 읽는 것이 내게 어떤 영향을 끼쳤을지 상상해보라. 어느 날 나는 고서점에서 이 책을 발견하고, 내겐 전혀 낯선 이 책을 집어 들고는 몇 쪽을 넘겨보았다. 나는 어떤 마귀가 '이 책을 들고 집에 가'고 나의 귀에 속삭였는지 알지 못한다. 아무튼 책을 좀처럼 서둘러 사지 않는 나의 습관에 어긋나는 일이 일어났다. 나는 집에 와서 막 획득한 보물을 갖고 소파의 귀퉁이에 몸을 던지고는 저 에너지 넘치고 암울한 수호신의 영향을 받기 시작했다.[11]

내게는 이 정도로 나를 미치게 만든 책이 과연 있었던가. 은둔을 통해 자신을 발견하고자 했던 니체는 글자 그대로 쇼펜하우어에게 미친다. 세상은 쇼펜하우어에 의해 물구나무를 선다. 세계의 본질은 결코 이성적이지 않으며 어두운 힘, 생명력 있는 충동이라고 쇼펜하우어는 말하는 것이다. 니체는 박수를 친다. 사람은 예술을 통해서만 이러한 세계로

《의지와 표상으로서의 세계》
초판 표제지

부터 구원을 받을 수 있다고 쇼펜하우어는 또 말한다. 니체는 환호한다. 새벽 두 시에 잠자리에 들어 여섯 시면 다시 일어나는 엄격한 생활을 하는 니체에게 쇼펜하우어는 교육자였다. 우리의 지각과 관계없이 독립적으로 존재하는 세계는 없을 뿐만 아니라 이 세계의 밑바탕에는 맹목적으로 움직이는 의지가 있을 뿐이라는 쇼펜하우어의 가르침은 니체의 안내자가 된다. 삶의 의지는 그 어떤 것으로도 충족될 수 없기 때문에 삶의 충동에 의해 지배받는 이 세상은 고통 이외의 아무것도 아니다. 이러한 고통으로부터 벗어날 수 있는 길은 의지를 부정하는 것뿐이다. 우리는 오직 예술과 금욕을 통해서만 의지 부정에 이를 수 있다.

모든 존재의 통일성에 대한 인식과 금욕, 그리고 삶에의 의지를 부정하는 것만이 우리를 구원할 수 있다. 전체 의지의 개별적 현상만을 파괴하는 자살은 우리를 구원할 수 없다.[12]

아르투어 쇼펜하우어(1788~1860)

삶을 있는 그대로 받아들이려고 했던 디오니소스적 긍정의 철학자 니체가 삶을 부정하는 쇼펜하우어를 스승으로 받아들인 것이다.

쇼펜하우어가 니체에게 끼친 영향은 그가 로데에게 쓴 편지에서 잘 드러난다. "윤리적 공기, 파우스트적 향기, 십자가, 죽음 그리고 무덤."[13] 니체는 쇼펜하우어의 암울한 의지에 감염되지만, 이 의지를 삶을 고양시키는 힘으로 바꿔놓는다. 니체에게 의지의 부정은 단순한 부정이 아니다. 그것은 고양된 형태의 삶의 긍정이다. 삶을 부정하지 않고는 결코 삶을 있는 그대로 긍정할 수 없는 것이 아닌가. 삶은 참 재미있는 것 같다. 니체는 삶과 불화하여 자신을 발견하고자 할 때면 자신의 조그만 방을 수도원으로 만들어 그 안에서 금욕을 한다. 십자가, 죽음 그리고 무덤으로 표현되는 암울한 분위기를 오히려 즐기면서 자신을 특별한 존재로 만든다.

나는 도대체 누구인가? 이 물음에 대한 답을 구하기 위하여 어떤 때는 거리를 헤매거나 산야를 쏘다니고, 어떤 때는 골방에 처박혀 어두운 책과 씨름해보지 않은 사람이 어디 있을까.

어떻게 우리는 우리 자신을 재발견하는가? 어떻게 인간은 자기를 알 수 있는가? 인간은 어두운, 덮여 감추어진 물건이다. 그리고 토끼가 일곱 개의 껍질을 갖고 있다면, 인간은 일흔 번 일곱 번씩 껍질을 벗는다 해도 "바로 이것이 참된 그대이고, 바로 이것이 더 이상 겉껍질이 아니다"라고 말할 수 없을 것이다.[14]

문제는 다른 어떤 것이 아니라 자기 자신이다. 자기 자신과 씨름하던 니체에게 쇼펜하우어는 그야말로 그를 해방시킨 사람이었다. 나 자신을 돌아본다. 이제까지 나는 정말 내가 원하는 것을 해왔는가? 내가 어떤 존재로 살아가기를 원하는지 진지하게 고민한 적이 있는가? 의지만으로 살기엔 상황의 압박이 너무 크다고 말하면서 이런 질문을 피하진 않았는가? '너는 어떤 사람이 되기를 원하는가?' 니체가 1889년 정신적으로 사망하기 직전까지 놓지 않았던 질문이다. 그의 자서전 격인 《이 사람을 보라Ecce homo》의 부제가 바로 "어떻게 사람은 존재하는 바의 자기가 되는가?"이다. "비 만 비르트 바스 만 이스트Wie man wird, was man ist."[15] 마법의 주문 같은 이 말은 자신을 찾아 헤매는 모든 이들을 괴롭힌다. 예전엔 철학에 관심 있는 사람이라면 독일어 몇 마디쯤은 할 줄 알았다. 형성의 과정을 뜻하는 '베르덴Werden'과 존재를 의미하는 '자인Sein'은 알아야 무식하다는 소리를 듣지 않았다. 본래의 내가 존재한다면, 나는 어떻게 내가 될 수 있는가?

니체는 쇼펜하우어를 읽으면서 자신에게 신랄한 질문을 던진다.

> 그대는 지금까지 참으로 무엇을 사랑했는가? 무엇이 그대의 영혼을 매혹했는가, 무엇이 영혼을 지배하고 또 동시에 즐겁게 했는가? 젊은 영혼이여, 이 물음으로써 인생을 돌아보라.[16]

쇼펜하우어는 니체로 하여금 "본래적 자기의 근본 법칙"[17]을 발견하게 한 교육자이다. 진정한 해방자인 것이다. 니체가 나중에 쇼펜하우어와 거리를 둘 때에도 이 점은 변함이 없었다. 세계의 가장 깊은 내면에는 이성보다는 어두운 충동과 욕망, 의지가 자리 잡고 있다는 쇼펜하우어의 생각은 니체 철학의 출발점이 된다. 이때부터 "삶이란 위험 속에 존재한다"[18]는 기본 인식이 니체의 삶과 사상을 관류한다. 자신이 누구인지를 알려 하면 고독해져야 하고, 진리에 절망하고 자신의 한계를 깨닫게 된다. "고독, 진리에 대한 절망, 한계를 넘어서려는 동경"이 바로 우리의 삶을 위협하는 세 가지 위험이다. 니체는 의지의 부정을 통해 삶을 초월할 수 있다는 쇼펜하우어의 말에 공감했기 때문에 끝까지 그의 제자였다.

니체의 관심은 이제 어떻게 하면 자신을 재발견하고, 자신을 긍정하고, 자신의 삶을 하나의 예술 작품으로 승화시킬 수 있는가에 모아진다.

> 모든 사람은 자기 안에 생산적 유일성을 품고 있는데, 그것이 자기 존재의 핵심이다. 이 유일성을 의식하게 되면, 모든 사람의 주위에 이상한 광채, 비범한 자의 광채가 나타난다.[19]

모든 사람은 이러한 인식을 통해 유일무이한 성자가 된다. 우리는 어떻게 우리 내면에 있는 유일한 능력을 발견할 수 있을까? 니체는 세 가지 인간 유형이 있다고 말한다. 루소적 인간, 괴테적 인간, 그리고 쇼펜하우적 인간. 루소적 인간이 가장 자연적인 것이 가장 인간적이라고 생각하면서 자연과의 합일을 꿈꾼다면, 괴테적 인간은 어떤 격정에도 휘말리지 않고 삶과 이성적으로 타협하고자 한다. 반면, 쇼펜하우어적 인간은 자신을 완전히 변혁하고 전복하기 위하여 "진실성이라는 자발적 고뇌를 스스로 짊어진다".[20] 나는 루소처럼 자연의 격정과 충동에 스스로를 내맡기는 사람인가, 괴테와 같이 현명하게 체념하고 문화와 타협하는 사람인가, 아니면 쇼펜하우어처럼 적나라한 나 자신에 진실한 사람인가? 나는 도대체 누구인가? 비에 젖은 건물들이 낮은 구름 사이로 암울하게 빛나는 라이프치히의 골목에는 니체의 절규가 메아리친다. 그는 어떤 유년 시절을 보냈기에 자신을 이처럼 치열하게 문제 삼았던 것일까.

3

뢰   켄

나 움 부 르 크

신의 마을에서
낯선 신을 만나다

'니체의 길'_나움부르크

뢰켄Röcken   니체 생가(1844~1850년 거주)
                      무덤(1900)
                      니체 기념관(니체의 삶의 흔적과 작품 전시)
                      니체 기념관 주소와 연락처
                      Teichstr. 8
                      06686 Röcken
                      Tel. : 03444-20546

나움부르크Naumburg   1850~58, 1867/68, 1890~97년 거주
슐포르타Schulpforte   기숙학교(1858~64년 거주)
                      학교 건물과 도서관 관람 가능
                      기숙학교 주소와 연락처
                      06628 Schulpforte
                      Tel. : 034463-35110

라이프치히Leipzig   대학 공부(1865~68)
타우텐부르크Tautenburg 1882년 루 살로메와 여름 휴가
예나Jena   정신병원 입원(1889/90)
바이마르Weimar   빌라 질버블리크Villa Silberblick(1897~1900년 거주)
                      현재 이곳은 니체 문서 보관서로 쓰이고 있음
                      빌라 질버블리크 주소와 연락처
                      Humboldtstr. 36
                      99423 Weimar
                      Tel. : 03643-545159

*

　한적한 길을 갈 때면 무엇인가 새로운 것을 만날 것 같은 예감이 든다. 번잡한 도시에서 심금에 남을 무엇인가를 체험하기는 어렵다. 도시적 상상력이란 것이 있기는 하지만, 그것도 도시가 텅 빈 채로 한가롭게 다가올 때의 얘기다. 뢰켄은 라이프치히에서 멀지 않았다. 라이프치히 남서쪽으로 30여 킬로미터. 인터넷으로 예약한 것과는 달리 내비게이션이 없는 차가 배정되었지만, 지금 생각해보니 얼마나 다행스러운 일인지 모른다. 내비게이션은 우리에게서 방향 감각을 빼앗아버린다. 내비게이션이 지시하는 대로 왼쪽으로 가라면 왼쪽으로 가고 오른쪽으로 가라면 오른쪽으로 가다 보면 정작 우리가 가는 길의 모습을 마음에 담아두기 어렵다. 멀리 보이는 교회 첨탑이나 도로 옆에 바짝 누워 있는 고즈넉한 시골 마을의 경치를 보면서 저기가 우리가 가려는 뢰켄인가 추측하고 기대하는 재미도 없다. 심지어 이정표도 보지 않게 된다. 무엇인가 눈에 들어와야 마음에도 들어오는 법인데, 내비게이션은 우리를 방향도 없이 그저 분주하게 움직이게 만든다.

니체가 아니면 전혀 알려지지 않았을 시골 마을들이 이어진다. 서양의 형이상학을 뒤집어놓은 철학자가 태어난 곳이라면 무엇인가 특이한 게 있으리라고 생각했는데 평원이 조용하게 이어질 뿐이다. 거리를 두고 이어지는 농촌 풍경이 한 폭의 그림이 된다. 니체는 무엇에 홀려 자신에게 거리를 두고, 자신을 관찰하고, 자신의 그림을 그리고자 한 것일까. 자신의 삶을 스스로 창조하고자 했던 니체는 말년에 이렇게 적는다.

나는 내 운명을 안다. 언젠가는 내 이름에 어떤 엄청난 것에 대한 회상이 접목될 것이다—이제껏 지상에서는 없었던 전대미문의 위기에 대한, 양심의 비할 바 없이 깊은 충돌에 대한, 지금까지 믿어져왔고 요구되어왔으며 신성시되었던 모든 것에 대한 거역을 불러일으키는 결단에 관한 회상이 접목될 것이다. 나는 인간이 아니다. 나는 다이너마이트다. 그렇다고 해도 내 안에는 종교 창시자의 그 무엇도 들어 있지 않다.[1]

독실한 기독교 집안에서 태어난 그가 신은 죽었다고 말한 이유는 무엇인가? 왜 그는 서양의 모든 전통을 파괴하는 다이너마이트가 되어 초인과 영원회귀 사상을 설파하게 된 것인가?

한 사람의 운명은 이미 삶이 시작된 곳에서 갈린다. 니체가 자신에 관한 글을 쓰기 시작한 것은 그가 유년 시절을 보낸 뢰켄과 나움부르크에서였다. 그는 일찍부터 읽고 쓰는 걸 좋아했다. 그것도 자신에 관해 쓰는 걸 좋아했다. 그는 평생 동안 내가 사유하는 것이 아니라 생각이 나를 찾아온다고 믿어 생각의 주체인 '나' 없이 생각하려 했지만, 그만큼 많이 '나'를 쓴 사상가도 없을 것이다. 그의 사상의 여정을 마지막으로 장식한 것이 《이 사람을 보라》라는 자서전이었다면, 그가 처음으로 쓴 글도 자서전이었다. 니체는 엘리트 학교 슐포르타Schulpforta에 들어가기 직전의 어느 여름 날 나움부르크의 다락방에서 《나의 삶으로부터Aus meinem Leben》라는 자서전을 쓴다. 열다섯 살에 벌써 자신의 삶을 정리하고 있는 것이다. 그는 자신의 삶을 글로 쓰면서 삶 자체를 생각할 거리로 만든다.

나는 열다섯에 무슨 생각을 하며 지냈을까. 이런 생각이 들려는 찰라, 오른편으로 멀리 조그만 교회의 종탑이 보인다. 니체가 묘사한 뢰켄 마을의 모습과 겹쳐진다.

> 뢰켄 마을은 뤼첸에서 반 시간쯤 떨어진 곳으로 지방 도로와 바로 붙어 있다. 그 곁을 걸어 지나가는 모든 사람은 아마 호의적인 눈길을 보낼 것이다. 이 마을은 숲과 연못에 정겹게 둘러싸여 있기 때문이다. 무엇보다 이끼가 긴 교회 탑이 눈에 들어온다.[2]

예감은 적중했다. 처음 왔지만 이미 와본 곳인 듯한 느낌이 마을 표지판으로 확인된다.

니체가 유년 시절을 보낸 그 조그만 마을은 상상했던 것과 크게 다르지 않았다. 인적 없는 거리엔 시간이 멈춰 서 있었다. 어떻게 사람이 한 명도 보이지 않는 것일까. 하얀 벽과 붉은 포도주 색깔의 지붕이 잘 어울리는 주택들이 연두색 들을 수놓은 전형적인 독일 시골 마을이 펼쳐져 있었다. 몇 걸음 떼지도 않았는데 조금 전 보았던 교회가 나타난다. 군데군데 수리한 흔적이 보이는, 색 바랜 벽돌로 된 조그만 교회는 경건한 기운을 머금고 있었다. 150여 년의 세월이 흘렀는데 변한 게 없어 보였다. 니체의 숨결이 느껴진다. 유럽 사회 전체가 더디게 변한다고 하

길에서 바라본 뢰켄 마을의 모습

도로변에 있는 뢰켄 마을 표지판.
"프리드리히 니체의 생가이자
마지막 안식처"라고 씌어 있다.

뢰켄에 있는 니체 가족의 무덤

지만, 이곳에는 변화란 것이 아예 없는가 보다. 과거를 지우는 것이 성
장이라고 알고 살아온 우리에게 과거를 보존하는 것이 문화라고 생각
하는 유럽 사람들의 의식을 이해하기가 쉬운 것은 아니다. 우리는 시간
이 정지된 공간을 견뎌내지 못하지 않는가. 야산이 어깨동무를 하고 나
지막하게 엎드려 있던 나의 고향 화성군 동탄면은 신도시로 흔적도 없
이 사라져버리고, 그 자리엔 기억이 탈수된 메마른 고층 건물의 스카이
라인이 생겨나 있다. 낯선 타향에서 고향을 느끼다니 이 무슨 역설인가.

  교회의 문은 굳게 닫혀 있었다. 교회를 오른쪽으로 돌아 정원으로
들어가니 교회 담 옆에 니체 가족의 무덤이 보인다. 니체의 무덤은 가장
왼 에, 그의 부모의 무덤이 가장 오른쪽에 있고 누이동생인 엘리자베트
의 무덤이 한가운데 자리 잡고 있는 것이 눈에 띄었다. 동생 자신의 원
으로 그렇게 되었다고 하니 평생 니체를 뒷바라지한 여동생은 죽어서
까지도 오빠의 곁에 있고 싶었나 보다. 니체도 과연 그것을 원했을까.
니체의 문서 보관소를 만들어 니체의 유고를 관리한 사람이 여동생이

뢰켄 교회에서 니체 기념관으로 건너가는 작은 문

지만, 그의 작품을 왜곡되게 편집하여 정치적으로 오용한 사람도 바로
그녀였다.

　교회 정원 끝자락에는 니체 기념관으로 가는 조그만 문이 나 있다. 이
곳에 기념관이 건립된 것은 얼마 되지 않았다. 독일이 동서독으로 분열
되어 있을 때 사회주의 체제의 동독에서 니체는 때로는 퇴폐적 철학자
로 또 때로는 나치즘의 철학적 선구자로 폄하되었다. 간간이 니체의
생가를 찾아오는 사람들은 이상하게 쳐다보는 시선을 받았지만 니체의
생가와 그가 세례를 받은 교회는 문화재로 보호되었다고 한다. 니체는
자신이 태어나고 성장한 곳보다는 바깥세상에 더 많이 알려진 시인 철
학자였다. 1989년 독일의 통일은 니체의 발자취를 재조명하는 계기가

되었다. 1994년 10월 15일 니체 탄생 150주년에 많은 사람들이 니체의 무덤을 찾아 기념 세미나를 한 것을 계기로 이곳에 니체의 유년 시절을 살펴볼 수 있는 기념관이 건립되었다고 한다.

기념관 주위엔 을씨년스러울 정도로 정적이 감돌았다. 문을 열면 안 될 것 같았다. 용기를 내어 들어가니 마음씨 좋아 보이는 할머니 한 분이 반갑게 맞아주었다. 기념관 안에도 아무도 없었다. 천천히 둘러볼 수 있는 여유가 있어 좋았지만, 왠지 니체의 이름에 쓸쓸한 고독이 스며 있는 것 같아 우울해진다. 첫 번째 방의 정면에는 별이 가득한 검푸른 밤하늘을 배경으로 신 한 짝이 전시되어 있었다.

수많은 태양계에 쏟아 부은 별들로 반짝거리는 우주의 외딴 어느 곳에 언젠가 영리한 동물들이 인식이라는 것을 발명해낸 별이 하나 있었습니다. 그것은 '세계사'에서 가장 의기충천하고 또 가장 기만적인 순간이었습니다. 그렇지만 그것도 한순간일 뿐이었습니다. 자연이 몇 번 숨 쉬고 난 뒤 그 별은 꺼져갔고, 영리한 동물들도 죽을 수밖에 없었습니다.[3]

우리는 어디에서 와서 어디로 가는가? 우리는 어디에서 별이 되어 다시 만날 수 있을까? 철학은 결국 자신의 존재 가치와 의미에 관한 성찰이 아닌가. 별이 가득한 밤하늘에 발자취를 남길 하얀 신발 한 켤레. 삶을 있는 그대로 사유한 니체가 왜 광기의 철학자란 말인가.

좁은 공간이지만 전시실은 잘 꾸며져 있었다. 니체의 가계와 유년 시절을 엿볼 수 있을 뿐만 아니라 니체의 운명을 어느 정도 생생하게 느껴볼 수 있다. 니체의 전기를 읽으면서는 느낄 수 없었던 삶의 격랑이 음악이 되어 다가온다. 니체의 사상이 수많은 이데올로기로 굴절되고 왜곡되었을지라도 니체의 삶은 치열함과 진실성으로 응축되어 묘한 마력을 지닌다. 그가 자신의 삶을 온전하게 살아낸 철학자, 스스로 짊어진 진실성의 고통을 음악으로 풀어낸 시인이기 때문이리라. 얼마나 많은 사람들이 그의 내면의 소리를 듣지 못하고 표면적인 말에 현혹되어 철학을 이데올로기로 혼동했는가. "초인", "권력에의 의지", "영원회귀", "주인 도덕"이라는 니체의 말들은 입에서 입으로 전해지면서 지적 유희의 자극적인 양념으로 변질되지 않았는가. 니체에게서 사상은 삶과 분리되지 않는다.

니체는 수천의 얼굴을 갖고 있다. 삶은 수천의 눈으로도 다 볼 수 없을 정도로 다양하기 때문이다. 내가 어떤 니체를 원하는가에 따라 니체의 모습은 달라진다. 깊은 것은 모두 가면을 원한다.

모든 철학은 또한 하나의 철학을 숨기고 있다. 모든 생각도 하나의 은신처이고, 모든 말도 또한 하나의 가면이다.[4]

〈비도덕적 의미에서의 진리와 허위에 관하여〉(1873)의 우화가 씌어 있는 전시실 벽면

니체의 데스마스크를 본다. 평생 동안 고통과 광기에 시달렸던 이의 얼굴이 어떻게 저렇게 평안할 수 있을까? 어떤 것이 니체의 진짜 모습일까? 토리노에서 쓰러지고 나서 10여 년간 정신적 암흑기를 보낸 사람의 얼굴 같지 않다. 고통의 흔적이 없다. 얼굴엔 주름도 일그러짐도 없이 어린아이 같은 평온이 가득하다.

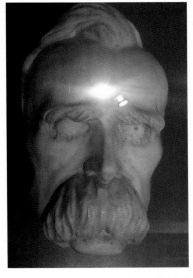

니체의 데스마스크. 우연히 이마의 한가운데 조명이 비친 모습이 성자를 연상시킨다.

그대도 니체의 데스마스크를 보아야 합니다. 그것을 처음 봤을 때의 인상이 하루 종일 깊은 충격을 주었습니다. 주름도 일그러짐도 없이 무한한 영혼의 고통을 가득 담은 얼굴. 고통스러운 체념에서 얻은 심오함만이 가득했습니다. 이 마스크를 본 이후로 나는 더 이상 그의 정신박약을 믿을 수 없습니다.[5]

그가 글자 그대로 이성과 정신이 결여된 상태에서 보낸 마지막 10년은 어떤 삶이었을까? 그가 삶의 고통을 시와 철학으로 풀어내려고 모든 정신력을 동원했던 삶은 또 어떠했을까? 모순에 가득 찬 그의 삶을 이해하기는 어려울 것이다. 니체의 자서전을 사 들고 니체 기념관을 나서려는데, 마음씨 좋은 할머니가 교회를 구경하겠느냐고 묻는다. 굳게 닫혀 있던 교회 안을 볼 수 있다니 가슴이 뛰었다.

　교회 안은 생각했던 것처럼 소박했다. 니체는 이 어두침침한 교회를 어떻게 받아들였을까? 니체에게 뢰켄의 집과 교회는 아버지와 연결되어 있다.

　　나는 사랑하는 아버지와 함께 언젠가 뤼첸에서 뢰켄으로 걸어갔던 것을 아직 기억한다. 길 가는 도중 교회의 종이 장엄한 소리로 부활절 축제의 개시를 알렸던 것이 기억난다. 그 소리가 종종 나의 가슴속에 다시 울린다. 그리고 나는 우수에 빠져, 멀리 떨어진 정겨운 고향의 아버지 집으로 달려간다……어떤 그림도 나의 영혼을 빠져나갈 수 없다면, 나는 아마 목사관을 제일 잊지 못할 것이다. 그 집은 매우 단단한 철필로 나의 영혼 속에 새겨져 있다.[6]

　니체에게 고향은 아버지의 집이다. 고향을 떠올리게 하는 것에는 여러 가지가 있다. 어스름이 깔릴 때 산등성이를 휘어 감는 물안개, 왁시글대는 골목 풍경, 어디선가 풍겨 오는 음식 냄새. 우리의 상상력의 불쏘시개는 감각이지 이성이 아니다. 어떤 커피 향을 맡으면 일련의 풍경들이 줄줄이 연상되지 않는가. 니체에게 어린 시절의 고향과 아버지를 떠올리게 하는 것은 바로 교회의 종소리였다.

　신이 머무는 장소인 교회는 니체에게 특별한 의미를 갖는다. 니체는 1844년 10월 15일 뢰켄에서 이 지역 목사인 카를 루트비히 니체와 그의 아내 프란치스카의 장자로 태어났다. 아버지는 니체에게 완전한 사람이었다.

시골 성직자의 완성된 모습! 예리한 정신력과 따뜻한 마음씨로 무장하고 기독교인의 모든 덕성을 갖춘 그는 조용하고 단순하지만 행복한 삶을 살았다. 그리고 그는 그를 알고 있는 모든 사람들에게서 존경과 사랑을 받았다.[7]

아버지는 가는 곳마다 사랑을 받았으며, 한가한 시간에는 학문과 음악을 즐겼다. 아버지가 니체의 본보기였음은 틀림없다. 그는 특히 피아노 즉흥 연주에 능한 아버지를 닮고 싶었다.

니체는 왜 그렇게 자신이 닮고 싶었던 아버지의 기독교를 부정하게 된 것일까? 니체는 왜 자신의 계보를 부정하고 스스로를 폴란드 귀족의 후예라고 여긴 것일까? 니체의 선조들은 대부분 소도시의 시민 계급이나 목사 신분에 속했다. 아버지 외에 니체에게 많은 영향을 준 사람은 외할아버지였다. 외할아버지 다비트 욀러는 영주의 딸과 결혼하여 비교적 유복한 생활을 하는 목사였다. 그는 가족 부양을 위해 농사를 지었기 때문에 포블레스에 있는 그의 집은 고루한 목사관이라기보다는 가축 우리와 헛간을 갖춘 농가에 가까웠다. 신앙의 경건함과 농부의 생동감 그리고 폭넓은 학문적 관심을 가진 외할아버지는 여러 모순을 조화롭게 통일시킬 수 있는 완벽한 인간의 이상을 구현했다. 그 역시 즐겨 피아노를 쳤고, 집안 아이들이나 손님들과 함께 음악회를 자주 열었다. 많은 문학 작품을 소장한 잘 갖춰진 외할아버지의 서재는 니체가 즐겨 찾는 놀이터였다. 니체는 외할아버지의 서재에 들어가 낡은 고서들을 뒤적이는 것이 최대의 기쁨이었다고 고백한다. 이처럼 니체는 음악과 자연이 어우러진 전원에서 비교적 행복한 유년 시절을 보냈다. 교회는 니체의 행복한 유년 시절을 여전히 머금고 있는 것처럼 보였다.

니체의 아버지와 어머니

교회는 니체의 다른 아픔을 이야기한다. 니체가 다섯 살이 되던 해인 1849년 7월 27일 니체의 아버지가 갑자기 세상을 떠났다. 아버지의 갑작스러운 죽음으로 인해 니체는 삶의 문제를 진지하게 생각하게 된 것일까.

아, 신이여! 나의 사랑하는 아버지 루트비히가 죽었습니다. 비록 내가 아직 어리고 경험이 없지만, 나는 죽음이 어떤 것인지 알고 있습니다. 사랑하는 아버지와 영원히 헤어져야 한다는 생각이 나를 엄습하여, 나는 슬프게 울었습니다.[8]

니체가 죽음을 일찍 경험하여 삶을 철저하게 사유했는지는 모르지만, 죽음을 일찍 안다는 것이 좋은 일인 것 같지는 않다. 아무튼, 나도 열넷에 아버지를 잃었지만, 아버지의 죽음을 이처럼 실존적 문제로 옮겨놓을 수 있다는 것이 놀랍기만 하다.

> 나무의 왕관인 우듬지를 잘라버리면 나무는 시들고 황량해져, 새들은 나뭇가지를 떠난다. 우리 가족은 가장을 빼앗겨서, 모든 기쁨이 우리의 가슴에서 사라져버리고, 깊은 슬픔만이 우리의 내면을 가득 채웠다.[9]

자신을 고독에 빠지게 한 아버지의 죽음도 견디기 어려운데 동생과 할머니도 차례로 세상을 떠났다. 어린 나이에 경험하는 죽음은 사람을 너무 진지하게 만든다. 아버지의 죽음은 결국 니체의 삶을 둘로 갈라놓는다. 아버지가 죽기 이전의 음악의 선율처럼 아름다운 삶과 아버지의 죽음 이후의 진지하고 고독한 삶. 니체가 태어나 세례를 받은 곳이자 그의 무덤이 있는 곳인 뢰켄의 교회에는 두 가지 색깔이 있는 것처럼 보였다. 상념에 젖어 멍하니 있는 나를 할머니가 깨웠다. "일본 관광객들은 교회 안 여기저기를 사진 찍는데 당신은 안 찍으세요?" 사진 찍는 것을 잊고 있었다. 뭔가 놓쳐서는 안 될 것 같은 마음에 몇 장을 카메라에 담고 교회 문을 나섰다. 밖은 이미 어스름이 깔리고 있었다.

니체의 교회를 다시 한번 둘러보려고 왼쪽으로 돌아가니 백색의 기념상 그룹이 서 있었다. 언뜻 보아도 니체였다. 그런데 니체가 세 번 나타난다. 어머니와 팔짱을 끼고 나란히 서 있는 니체는 외투를 입은 모습이지만, 홀로 서 있는 두 개의 니체상은 모두 발가벗은 나신이었다. 실물 크기로 만들어진 네 개의 석상은 가짜로 만들어놓은 니체의 무덤을 둘러싸고 서 있었다. 왜 조각가는 교회의 다른 편에 진짜 무덤이 있는데도 또 하나의 모조 무덤을 만들고, 그 주위에 발가벗은 니체의 석상을 세운 것일까? 충격적이고 기괴했다. 조각가는 니체가 정신적으로 미쳐 갈 때 야코프 부르크하르트Jakob Burckhard에게 보낸 편지에서 영감을 얻었다고 한다.

> 이번 가을에 나는 가능한 한 옷을 입지 않고 있었습니다. 두 번이나 내 자신의 장례식 현장에 있었는데, 한 번은 로빌랑 백작이었고, (아닙니다, 내가 카를로 알베르토인 한, 그 사람은 나의 아들입니다.) 나의 본성이 그 밑에 있는 것이지요. 그렇지만 나 자신은 안토넬리였습니다.[10]

무슨 말인지 도저히 종잡을 수 없는 광기의 표현이다. 모조 무덤의 대리석 관 위에는 진짜 묘에 씌어 있는 것처럼 프리드리히 니체라는 이름뿐만 아니라 니체가 광기의 쪽지를 보내면서 서명했던 "디오니소스", "카이사르", "바보"라는 이름도 함께 새겨져 있었다.

적나라한 광기의 귀환이다. 무덤 양편에서는 니체가 발가벗은 모습으로 자신의 죽음을 바라보고 있고, 무덤 뒤에서는 미친 니체가 독실한 어머니의 팔에 의지한 채 산보하는 모습이 재현되고 있다.

니체는 결국 고향에 돌아온 것이다. 그렇지만 미쳐서 돌아왔다. 이것이 온몸으로 자신의 사상을 잉태하고 출산했던 19세기의 사상가 니체에 대한 기념인가? 아무도 그의 광기를 부인하지 않는다. 야코프 부르크하르트에게 보낸 광기의 편지에서 니체는 이렇게 말한다.

> 친애하는 교수님, 나도 마지막엔 신이기보다는 바젤 대학 교수이기를 기꺼이 원했을 것입니다. 그렇지만 나는 그것 때문에 세계의 창조를

뢰켄 교회 정원에 있는 니체 기념 조각상. 메서슈미트Klaus Friedrich Messerschmidt의 작품.

중단해가면서 감히 사적인 이기주의를 추구하지는 않았습니다.[11]

니체가 이탈리아 토리노에서 보낸 이 편지는 광기를 내보이지만, 다른 한편으로는 그가 평생 추구했던 사유의 목적을 드러낸다. 세계의 창조. 실존의 모든 낯설고 의문스러운 것들을 극단까지 철저하게 사유함으로써 새로운 가치와 세계를 창조하려고 했던 니체의 고뇌는 이 기념조각에 없는 것처럼 보였다. 흔히 니체의 극단적 사상을 희화화하기 위해 장난처럼 하는 우스갯소리가 생각난다. 니체가 말했다. "신은 죽었다." 신이 말했다. "니체는 죽었다." 니체가 신의 죽음을 선포한 이유에는 관심도 없이 무신론자 니체를 조롱하는 말이다. 그렇지만 이렇게 단순하게 해석하기엔 이 조각상에는 무엇인가 묘한 것이 있다. 어떤 권력에의 의지도 인간 실존의 부조리 앞에서는 무력한 것이 아닐까? 광기와 무능력을 표현하는 이 기념 조각에는 니체의 이중적인 삶과 운명이 서려 있다. 니체가 적나라한 광기의 철학자로 죽어 돌아온 곳에서 니체의 철학은 새롭게 시작된다.

*

비가 온 뒤라서 그런지 축축한 도로는 낮게 깔린 구름을 더욱 짙게 머금고 있다. 예전에는 이 길을 걸어서 다녔겠지? 뢰켄을 떠날 때 여섯 살짜리 니체의 심정이 어떠했을까? 이런 생각을 하며 뢰켄에서 나움부르크로 발걸음을 옮겼다. 지금은 자동차로 채 40분이 안 걸리는 가까운 거리이지만 니체가 살았던 시대엔 뢰켄에서 꽤 먼 도시가 나움부르크였다. 거리로도 멀었지만, 시골과 도시라는 문화적 차이는 무척 컸다. 어렸을 적엔 엄청나게 크게 보였던 것이 어른이 되어서 보면 작듯이 어른과 아이의 눈은 분명 다른데, 어른인 내가 새롭고 신기한 모든 것을 순수한 어린아이의 눈으로 본다는 것은 쉽지 않은 일이다. 하물며, 모든 것이 변한 지금 150여 년이라는 시간의 격차를 뛰어넘어 어린 니체로 돌아간다는 것은 여간 어려운 일이 아니다.

니체는 뢰켄을 떠나면서 어른이 되었다. 니체는 어쩌면 여섯 살에 평생 배워야 할 것을 다 배웠는지 모른다. 그는 모든 것을 압축적으로 살아낸 철학자이니까. 아버지의 죽음과 어린 나이의 출향은 그를 어른으로 만들었다. 이전의 니체가 자연스럽게 명랑한 어린아이였다면, 이후의 니체는 '꼬마 목사'라는 별명을 들을 정도로 진지한 어린아이였다. 그렇게 니체는 어른이 되어 고향을 떠났다.

나는 다른 곳에서 고향처럼 친숙해진다는 것을 불가능하게 여겼다. 기쁨과 고통을 향유한 마을, 아버지와 어린 동생의 소중한 무덤이 있는 마을, 사람들이 항상 사랑과 친절로 대해주었던 마을을 떠난다는 것은 얼마나 고통스러운 일인가![12]

여섯 살짜리 니체가 정말 그렇게 느꼈던 것인지 아니면 회상의 과정에서 그렇게 느껴진 것인지는 모르지만, 이때부터 니체의 근본 성격이 형성되기 시작한 것은 틀림이 없어 보인다.

니체가 평생 동안 그토록 어린아이의 심성을 닮고자 했던 것은 어쩌면 그가 어린아이의 순진무구와 천진난만을 너무 일찍 상실했기 때문일지 모른다. 니체는 너무 일찍 진지해졌다. 그렇지만 니체는 진지함을 자신의 특성으로 받아들인다.

진지함, 쉽게 극단으로 흐르는 경향이 있는 진지함. 나는 열정적으로 진지하다고 말하고 싶다. 다양한 관계에서, 슬플 때나 기쁠 때나, 그리고 놀이를 할 때조차 그렇다.[13]

진지하다는 것은 거리를 둔다는 것이다. 온전히 자신이 되지 못하고 자신을 바깥에서 보고 자신과 거리를 둘 때, 우리는 대체로 진지해진다. 진지함은 자기와의 불화이고, 자기 분열이다. 니체는 진지함을 자신의 운명으로 받아들인다.

어린 시절부터 나는 고독을 찾았다. 그리고 방해받지 않고 홀로 남겨질 수 있을 때가 가장 편안했다. 그리고 대개 자연의 자유로운 신전에 있을 때 그랬다. 여기서 나는 가장 참된 기쁨을 발견했다. 그래서 뇌우는 나에게 항상 가장 아름다운 인상을 심어주었다. 멀리서 울려오는 천둥소리와 밝게 빛나는 번개는 신에 대한 경외심만을 증대시킬 뿐이었다.[14]

니체는 자연의 자유로운 신전을 떠나 도시로 나간다. 자신의 내면에 새로운 고독의 신전을 세우고, 우리에게 자유의 천둥과 번개가 될 수 있는 삶과 사상을 만들어간다.

나움부르크에서 니체는 유년기와 청소년기의 대부분을 보낸다. 아버지와 남동생이 죽은 후 집안의 유일한 남자로서 엄마와 여동생을 비롯한 여섯 명의 여자들에게 둘러싸여 보낸 그의 어린 시절은 어땠을까? 니체는 열다섯 살이 되던 해인 1858년 엘리트 학교 슐포르타에 입학할 때까지 나움부르크에서 초등학교와 김나지움에 다닌다. 여느 아이들과 마찬가지로 그는 놀이를 좋아했고, 시와 음악을 좋아했다. 그렇지만 그는 시인과 음악가이기보다는 처음부터 철학자였다. 그가 청소년 시절에 쓴 시의 목록을 꼼꼼히 정리해놓을 것을 보면 시를 쓰는 것에 엄청난 자부심을 느꼈음이 틀림없지만 그렇게 좋은 시들은 아니었다. 시는 사유의 수단이다. 자신의 삶을 관찰하여 언어로 담으려는 사람 치고 시에 끌리지 않는 사람이 어디 있을까.

나움부르크는 도시이면서 동시에 시골 같았다. 니체가 슐포르타에 들어가던 해인 1858년에 이사 와 1897년까지 어머니가 살았던 집은 도심에서 조금 떨어진 성벽 곁에 자리 잡고 있었다. 바인가르텐 18번지. 니체의 집, 니체 하우스는 성벽에서 멀지 않았다. 주차할 자리를 찾지 않아도 돼서 좋았다. 골목 입구의 모퉁이에 서 있는 니체의 집은 다락방까지 3층이라 그런지 그렇게 형편없어 보이지는 않았다. 서양 사람들의 겉모습을 보고 나이를 가늠하는 것이 어려운 것처럼 주택의 외관만으로 거주자들의 계층을 알아맞히는 것은 쉽지 않다. 단층에 익숙한 우리에게 복층은 부유해 보이고, 낡은 벽은 오히려 이국적인 지붕과 함께 고색창연해 보이기 때문이다.

그렇지만 이 구역은 부유한 지역이 아님은 분명했다. 영세 상인과 수공업자들이 살았던 곳 같아 보였다. 니체의 집은 1835년에 당시의 주인이 전면을 고치고 집에 다섯 개의 셋집을 들인 이후 모습이 거의 변하지 않았다고 하니 문화를 보존하는 독일 사람들의 태도에 놀라지 않을 수 없다. 니체의 어머니 프란치스카는 처음엔 니체의 여동생 엘리자베트와 하녀 마리아 풀레와 함께 이 집에 세 들어 살다가, 1878년 니체의 도움을 받아 이 집을 사들였다. 니체는 슐포르타 기숙학교에 있었기 때문에 이 집엔 방학 때만 잠시 들를 수 있었다고 한다. 니체의 어머니는 이 집의 여러 방들을 교육 실습생, 김나지움 학생, 견습생들에게 세를 놓아 생활비에 보탰다. 니체가 이 집에 돌아온 것은 1890년 5월 13일이었다. 어머니는 정신병에 걸린 니체를 데리고 와 극진히 돌본다. 세 든 사람들은 니체의 귀환을 금방 느낄 수 있었다. 세입자들은 고통에 못 이겨 비명을 질러대는 니체를 견디지 못하고 한 사람씩 빠져나가 결국은 모자만 남게 되었다. 이때부터 어머니의 팔에 의지하여 산보를 하는 니체의 모습은 나움부르크의 곳곳에서 발견된다.

세상의 모든 어머니에겐 자식이 아무리 위대할지라도 아이일 뿐이다. 니체가 19세기가 낳은 위대한 철학자라는 것이 그의 어머니에게 무슨 의미가 있었을까. 그녀에게 니체는 그저 병든 자식일 뿐이다. 정신이 병들면 육체도 병든다. 니체는 점점 더 바깥에 나갈 수 없게 된다. 1893년 어머니는 니체의 방에서 베란다로 나가는 벽을 넓게 터서, 니체가 방 안에서나마 산보를 하고 자유로운 공기를 마실 수 있도록 만들어준다. 니체에게 '산책의 방'을 만들어주면서 헌신적으로 그를 수발했던 어머니는 1897년 4월 20일 세상을 떠난다. 병든 아들을 혼자 남겨두고 떠나는 엄마의 마음은 어떠했을까? 나의 어머니가 생각난다. 내가 무엇을 하는지 바라보는 사람이 세상의 아버지들이라면, 내가 누구든 나를 지켜보고 지켜주는 사람은 세상의 어머니들이 아닌가.

> 누가 내 아버지요 어머니인가? 내 아버지는 충일의 왕자, 내 어머니는 고요한 웃음이 아닐까? 이 두 분의 혼인이 나 수수께끼 짐승을, 나 빛의 괴물을, 내 모든 지혜의 낭비자 차라투스트라를 낳은 것이 아닐까?[15]

"고요한 웃음" 어머니가 떠난 후 니체는 오래 살지 못했다. 그동안 여동생 엘리자베트가 다시 돌아와 있었다. 그녀는 1885년 베른하르트 푀르스터와 결혼하여 인종적으로 순수한 독일 식민지를 건설하려 파라과이로 떠났었다. 남편이 자살한 1889년, 그녀는 오빠가 정신병으로 쓰러졌다는 소식을 접하고는 오빠를 돌보기 위해 독일로 귀국할 것을 결심한다. 나움부르크에 도착하자마자 엘리자베트는 오빠의 재정을 관리하고, 오빠의 작품을 위한 문서 보관소를 설립하여 오빠의 원고를 정리하기 시작했다. 어머니가 죽자 엘리자베트는 바이마르의 빌라를 사서 니체의 주거지와 니체 문서보관소를 옮긴다. 니체 하우스는 어머니가 병든 아들을 돌보던 곳, 누이동생이 정신병으로 죽어가는 오빠의 살아 있는 작품을 박물관의 유품처럼 진열하던 곳이다.

나움부르크 니체 하우스가 있는 골목길. 오른쪽 녹색 창문이 있는 집이 니체 하우스이다.

  겨울에는 개방되지 않는 니체 하우스는 문을 굳게 걸어 잠근 채 모서
리를 내보이며 쓸쓸하게 서 있었다. 니체 하우스 맞은편 성벽 밑의 조그
만 벤치에 앉아 니체가 앉아 바깥을 내다보았을 베란다를 쳐다본다.
니체 하우스 바로 옆에서는 니체 재단의 문서 보관소 건축이 한창이다.
나의 작품은 나의 삶과 분리될 수 없다고 절규하는 니체의 비명 소리가
들리는 것 같다. 무거운 마음으로 천천히 시내 쪽으로 발걸음을 옮긴다.
참 이상한 일이다. 니체 하우스에서 멀어질수록 나움부르크는 점점 더
밝아졌다. 니체가 친구들과 전쟁놀이를 하던 골목길이 이어지고, 해가
지는 줄도 모르고 친구들과 음악과 문학을 이야기하던 광장과 공원이
나타난다. 어린 니체는 아버지의 이른 죽음으로 진지해지긴 했지만 여

전히 꿈과 호기심이 많은 소년이었다.

청소년기에는 누구나 마음에 드는 모든 것을 모방하곤 한다. 어린이들에게서는 이러한 모방 정신이 특별히 강하다. 그들은 모든 것을 쉽게 머릿속에 그린다. 그렇지만 자신들이 특별히 흥미를 느끼는 것만 그렇게 한다.[16]

이 시기에 니체는 자신이 모방할 본보기를 갖지 못했다. 그는 아버지처럼 신앙에서 위로를 찾으려 했지만, 자신을 사랑하는 신이라면 어떻게 자신에게서 아버지와 동생 그리고 사랑하는 이들을 빼앗아 갈 수 있는가 하는 의문이 싹트기 시작했다. 세상을 의심하며 무엇이 자신의 행복을 결정하는지를 고민하기 시작한 아이 니체가 쏘다녔을 작은 도시 나움부르크는 정말 예뻤다.

나움부르크는 산책하기에 적당하다. 도시가 번잡하지 않아 여유 있게 걸어 다닐 수 있고, 다리를 쉴 겸 벤치에 앉아 조그만 문고판 책을 펼쳐들어도 쉽게 빠져들 수 있어 좋다. 고개를 들면 도시 전체가 한눈에 들어온다. 다시 일어나, 니체가 즐겨 산책했던 골목을 따라 이곳저곳을 돌아다닌다. 길을 잃어버릴 염려도 없지만, 길을 잃으면 오히려 더 좋다. 생각지도 못한 풍경이 골목의 끝자락에 펼쳐지기 때문이다. 니체와 함께 잠시 도시를 구경해보자.

일단 예쁜 야콥스토르로 가는 골목길로 들어가보자. 고색창연한 집들이 늘어선 넓고 아름다운 거리를 따라 내려가면 시청 광장에 다다른다. 저길 보라, 바로 눈앞에 시청 건물이 있다. 얼마나 큰지! 시청의 네 정면은 거의 네거리를 형성한다. 조그만 탑은 음울하게 하늘로 솟아 있다. 어두

니체 하우스 맞은편 성벽 아래의 벤치

니체 하우스 입구

나움부르크 시청

운 잿빛, 지붕에 불쑥 튀어나온 고풍스러운 창들은 항상 경외심을 갖고
바라보게 만든다.[17]

니체는 자신의 첫 번째 전기에서 나움부르크의 모습을 이렇게 상세
하게 적고 있다. 나움부르크 시청은 니체가 말한 것처럼 크지는 않지만
단아한 모습이 도시의 풍경과 잘 어울린다.

니체의 길은 잊기로 했다. 거리와 건물의 이름도 생각하지 않고 언제
부터인지 발길 가는대로 걷고 있다. 좁은 골목과 물건들을 예쁘게 진
열해놓은 조그만 상점들이 소도시의 정취를 물씬 풍긴다. 유럽의 도시
들은 작아서 좋다. 작아서 한눈에 들어오고, 자연스럽게 눈길이 갈 정도
로 모두 특색이 있다. 도시 밖 멀리서도 보이는 나움부르크 돔, 대성당

이 눈에 들어온다. 벽돌의 색이 검게 변한 성당은 아래에서 위로 갈수록 밝아지더니 파란 하늘과 이어졌다. 성당의 안은 바깥보다 더 어두웠다. 장식이 없어 음산한 기운마저 감돌았다. 니체의 광기와 죽음을 너무 많이 생각했는가 보다. 서둘러 성당을 나선다. 햇볕이 보고 싶다.

거리는 항상 양방향으로 걸어봐야 한다. 산을 오를 때의 경치와 내려올 때의 경치가 다른 것처럼 도시도 보는 각도에 따라 다른 모습을 보여준다. 니체의 눈으로 보아서인지 나움부르크는 두 개의 얼굴을 갖고 있다. 아늑함과 지루함, 명랑과 음울이 교차한다. 니체가 나움부르크에서의 유년기를 돌아보면서 말한 것처럼 사람이 뿌리를 내리지 못하면 쉽게 극단에서 극단으로 흔들리게 되고, 중도에서 비로소 안정을 찾는 법인가 보다. 차라투스트라를 찾는 길을 떠나기 전 나움부르크의 니체는 이미 극단의 실험자였다. 그는 신보다는 신의 창조자를 경배했고, 어떤 종교를 수호하기보다는 직접 주창하고자 했다. 나움부르크 시절은 이미 니체의 전체 모습을 보여주고 있지만, 나움부르크 어디에서도 서양의 전통을 뒤집어놓은 전복자 니체의 모습은 보이지 않는다. 선택받았다는 느낌, 자연과의 소통, 삶으로서의 음악과 문학, 인식의 수단으로서의 글쓰기, 예술 창조의 의지는 이미 어린 니체의 삶이었다.

아직은 니체의 삶 속에 모순이 드러나지 않았다. 전통에 대한 그의 저항도 보이지 않았다. 여동생 엘리자베트가 들려주는 일화는 오히려 정반대이다. 비가 억수로 쏟아지는 어느 날, 다른 아이들은 모두 집으로 달려가는데 니체만 혼자 유유히 걸어갔다. 이를 본 어머니가 빨리 달려오라고 손짓을 하는데도 그는 천천히 걸어왔다. 어머니가 화를 내며 야단을 치자 니체는 진지하게 대답했다. "아이 참, 엄마! 교칙엔 학생은 학교를 떠날 때 뛰거나 달려서는 안 되고 천천히 품위 있게 가야 한다고 되어 있단 말이에요."

　본래 저항적이지 않았던 아이가 저항적으로 되는 까닭은 도대체 무엇일까? 이런 생각을 하며 주차했던 골목으로 걸어가는데 갑자기 니체가 나타난다. 니체가 어느 소녀와 함께 있다. 니체는 의자에 앉아 다리를 길게 뻗고 고개를 약간 소녀 쪽으로 돌린 채 생각에 잠겨 있다. 책을 무릎 위에 살며시 올려놓은 것을 보면 방금 전에 읽은 것을 생각하는 것 같다. 소녀는 건방지게 양손을 옆구리에 대고 이 철학자를 호기심과 회의의 눈길로 바라본다. 소녀는 무엇인가 당돌한 질문을 했거나 할 모양새인데 철학자는 소녀의 존재를 알아채지 못한 눈치이다. 소녀는 과연 어떤 질문을 했을까? 우리는 오늘날 니체에게 어떤 질문을 던지는가? 삶과 사유의 고통과 고뇌는 증발되어버리고 자극적인 언어로만

나움브르크 나무 시장에 있는 니체 기념상 〈호기심의 대화〉. 아펠Heinrich Apel의 작품이다.

남아 있는 니체의 사상은 우리에게 어떤 의미가 있는가?

*

나움부르크에서 걸어서 한 시간도 안 걸리는 포르타까지는 아름다운 구릉이 이어졌다. 어스름한 저녁 빛이 야산과 들로 이루어진 평원에 한 폭의 그림을 그려놓았다. 경치를 음미할 틈도 없이 슐포르타가 모습을 드러낸다. 니체는 역사가 16세기 중엽까지 거슬러 올라가는 전통 있는 이 엘리트 기숙학교에서 1858년 10월부터 1864년 9월까지 6년을 보낸다. 이 시기에 무슨 일이 있었기에 니체는 상상력 풍부한 순진한 소년에서 기존의 모든 것을 전복시키는 사유의 혁명가로 다시 태어난 것인가? 훔볼트 정신에 입각해 전인 교육을 펼침으로써 학자 신분을 양성해온 슐포르타의 교수들은 학생들의 사부가 되어 하나에서 열까지 돌봐주었다. 슐포르타에서는 규칙과 선임자에 대한 복종, 엄격함과 의무의 실행, 자기 절제, 진지한 작업, 스스로 선택한 자유 활동, 문제에 대한 애정, 학업의 방법과 철저함, 시간의 적절한 배분, 동료들과의 자신감 있는 교제, 생활의 리듬, 고전어와 음악 교육이 중시되었으며, 엄격하게 지켜지는 수업 일정과 공동의 식사 그리고 아침저녁의 기도 시간은 학생들을 글자 그대로 훈육하는 토대였다. 자신의 삶을 스스로 규제하게 만드는 것만큼 훈육의 좋은 기초가 어디 있겠는가? 모든 학생에게는 아버지처럼 돌봐주는 스승이 배정되었다. 니체의 스승이었던 부덴지크 교수와 막스 하인체는 니체의 정서적 발전에 많은 영향을 미쳤다고 한다. 슐포르타는 자유로운 엄격함과 엄격한 자유로움이 공존하는 학자 공화국이었다.

슐포르타에서 니체는 한마디로 미친 듯이 공부한다. 자신의 관심에 따라 분야를 옮겨 다니고 영역을 넓혀간다. 이러한 경향들은 직접적으로 이어져 연결된 것이 아니라 서로 얽혀 있어서 시작과 끝을 규정하는 것이 불가능하다. 자연과학적 호기심이 군사학으로 이어지고, 음악과 예술에 대한 관심이 신화학과 고전 언어로 옮겨 가고, 언어에 대한 관심이 문학으로 이끈다. 장래의 니체의 삶과 직업에 무엇보다 영향을 많이 준 것은 라틴어, 그리스어, 히브리어 같은 고전 언어를 통한 고대의 발견이었다. 니체는 고전 언어를 단순한 학문이 아니라 삶의 이상으로 받아들인다. 니체는 학문적 인식이 삶에 녹아들어야 한다고 생각했다.

니체는 수학을 제외한 모든 분야에서 탁월한 학생이었다. 그는 미친 듯이 읽었고, 열정적으로 글을 썼다. 슐포르타의 니체는 이렇게 말하는 것처럼 보인다. "나는 글을 쓴다, 고로 나는 존재한다." 이 시기에 니체는 나움부르크의 친구들인 구스타프 크루크Geutav Krug, 빌헬름 핀더Wilhelm Pinder와 함께 예술·문학 단체인 '게르마니아Germania'를 조직한다. 그들은 한 달에 한 편씩 문학 작품이나 음악 작품을 발표하고 서로 기탄없이 비판하기로 한다. 읽고 쓰고 생각하는 삶. 그렇지만 많이 읽고 많이 쓴다고 해서 모두 니체와 같은 철학자가 되는 것은 아니지 않은가. 인식이 삶 속으로 들어와야 한다고 생각했기에 니체에게서는 삶 자체가 인식의 대상이 되었는지도 모른다.

슐포르타에서의 니체의 삶은 '진리에의 의지' 그 자체였다. 니체가 슐포르타에서 읽은 작품의 목록은 헤아리기 어려울 정도이다. 그는 기념일에는 항상 책을 선물로 받기를 좋아했고 엄마에게 책을 원하는 편지를 자주 보냈으며, 그가 친구들에게 보낸 글의 내용은 대부분 새로 발견한 책에 관한 것이었다. 그는 플라톤을 비롯한 여러 고전 작가들, 셰익스피어, 클라이스트, 루소, 푸시킨을 읽었으며, 특히 바이런, 나폴레옹 3세와 횔덜린에게 빠졌다. 니체는 당시만 해도 독일의 고전 문학으로 인정받지 못했던 횔덜린을 발견하고는 열광했다. 니체는 횔덜린이 암흑의 세계에 빛을 비추는 "신적인 숭고함"을 표현한다고 흥분했지만, 교수는 니체의 글을 읽고는 "조금 더 건전하고, 분명하고, 독일적인 작가를 따르는 것이 좋겠다"는 조언을 한다. 횔덜린의 문학은 "미친 사람의 사상"[18]이라는 것이었다. 니체의 운명이 보이기 시작한 것일까.

니체는 바이런과 나폴레옹에게서도 이미 초인의 징후를 감지한다. 바이런은 사람들이 그에 관해 하나의 이야기를 만들어낼 정도로 '자신의 삶'을 살았다고 한다. 자신의 삶을 연출하고 그것을 하나의 예술작품으로 변화시킬 수 있는 바이런의 삶에서 니체는 "영혼을 지배하는 초인"[19]을 본다. 니체의 관심은 온통 자신의 삶을 스스로 세울 수 있는 힘과 능력에 집중되었다. 니체는 나폴레옹에게서 정치적 권력의 표본을 발견한다. 나폴레옹은 "국민의 희망과 환상을 끄집어내어 실현시킬 수 있는"[20] 탁월한 능력이 있었기 때문에 그 자신의 정치 쿠데타가 마치 "전체 국민의 의지"처럼 보인다는 것이다. 니체는 아직 다듬어지지 않은 원석의 상태로 초인 사상을 이미 발견한 것이다.

산기슭에 자리 잡은 슐포르타는 자연과 잘 어울렸다. 학교를 가로질러 조그만 시냇물이 흘러서인지 교정도 아름답다. 니체가 자신이 외로울까 봐 걱정하는 어머니에게 보낸 사진 속의 모습과 크게 달라진 것이 없어 보이지만, 전통과 현대가 조화를 잘 이룬다. 이런 곳에서 공부하는 학생들은 얼마나 행복할까. 전인 교육에는 학습 과정만큼 학습 환경도 중요한 것이 아닐까. 전통을 잃지 않고 시대의 흐름과 함께 스스

슐포르타의 현재 모습

로 변화하는 모습이 부러웠다. 이런 곳에서 청소년기를 보내면 딱히 철학적 성향이 없어도 자신의 삶을 스스로 성찰하는 법을 배울 것만 같다. 니체는 이곳에서 공부하면서 자신의 삶을 자주 글로 옮긴다.
　나의 삶을 이끄는 근본적인 힘은 무엇인가? 그는 종종 신을 찾는다.

　　모든 면에서 신은 나를 안전하게 인도하셨다. 마치 아버지가 허약한 어린아이를 인도하는 것처럼.[21]

　니체는 자신의 이성과 마음이 점차 형성되어가는 과정에 전능한 신의 인도가 함께한다고 믿는다. 진리를 탐구하는 니체의 의지는 결국 신마저 시험대에 올린다. "운명을 분배하는 힘"의 정체는 불투명하다고 니체는 말한다. 누가 우리의 운명을 정하는가? 세상엔 너무나 많은 폭력과 불의가 존재한다. 우리의 삶에서는 우연이 더 중요한 역할을 하지 않는가? 내가 철학을 하게 된 것도, 니체를 만나게 된 것도 사실 모두 우연이다. 세계의 저 밑바닥에는 맹목적인 힘과 사악한 권력이 있는 것은 아닌가. 만약 이게 사실이라면, 우리의 삶은 도대체 어떤 의미가 있는 것인가? 세계는 의미를 찾는 인간의 정신보다 결코 더 깊을 수 없는 것이 아닌가? 니체는 끊임없이 이어지는 질문에 매듭을 짓는다.

우연은 존재하지 않는다. 일어나는 모든 것은 의미가 있다.[22]

니체의 삶은 의미를 찾아 헤매는 항해의 과정이다. 우리의 삶에 의미를 부여하는 것은 도대체 무엇일까? 돈, 권력, 명예, 이성異性, 자식이 아니라면 무엇이 우리의 삶을 의미 있게 만드는 것인가? 나는 과연 의미 있는 삶을 살고 있는가? 이 물음에 대한 답을 구하려고 니체의 차라투스트라를 찾아 나선 것이 아닌가. 의미에 대한 탐구는 신앙과 종교를 철저하게 회의하게 만든다. 종교의 허상이 사라지고 나면 이 세계에 남는 것은 무엇인가? 신이 길이고 진리이고 목적이라면, 신이 사라지면 삶의 의미와 목표도 사라지는 것인가? 두 개의 대답이 가능할 것이다. 하나는 삶의 의미에 대한 물음이 불필요하다는 것이고, 다른 하나는 삶의 의미를 신과 같은 초월적인 데서 찾지 않는다는 것이다. 니체는 두 번째 길을 택한다. 니체는 삶의 의미와 세계의 목표가 우리에게 단순히 주어진 것이라고 생각하지 않는다. 주어졌다면 과제로서 주어졌을 것이다. 삶의 의미는 주어진 것이 아니라 만들어가는 것이다. 여행도 마찬가지가 아닌가. 설령 어떤 의미를 찾기 위해 떠났을지라도, 여행의 의미는 여행하는 과정에서 저절로 만들어진다.

슐포르타에서는 어딘지 모르게 생동감이 느껴진다. 우리를 우울하게 만들기보다는 들뜨게 만드는 진지함이 묻어난다. 이곳에서 니체는 〈운명과 역사〉라는 의미심장한 글을 쓴다. 〈의지 자유와 운명〉이라는 글도 쓴다. 니체가 열일곱 살이었던 1862년 4월의 일이다. 지금은 낙엽이 떨어져 저렇게 앙상한 가지만 남아 있는 나무들도 봄이면 생명의 초록빛으로 빛나겠지. 봄의 아름다운 교정이 상상된다. 자신의 삶을 스스로 만들어갈 수 있다고 굳게 믿는 청년에게 세계란 무엇인가? 우리의 의지에 저항하는 저 다른 세계를 니체는 운명이라고 부른다. 운명은 모든 것이 결정되어 안정된 세계이다. 우리는 그 안에서 자유 공간을 확보하기 위해 몸부림치며, 이런 싸움을 통해 비로소 우리가 자유 의지를 갖고 있다는 사실을 깨닫게 된다. 자연 법칙에 따라 움직이는 자연만이 운명이 아니다. 우리를 구속하는 도덕, 관습 및 사람들의 관계와 관심을 '자연스러운 것'으로 받아들이면, 그것은 우리의 운명이 된다. 우리는 결코 운명의 피조물만은 아니다. 우리는 삶이 빚어내는 운명적 사건들에 대응함으로써 우리의 운명을 스스로 창조한다. 운명과 자유, 외부의 영향과 자기 결정이 결국 우리의 개성과 성격을 결정한다. 니체는 이러한 자유 의지를 "운명의 최고 잠재력"[23]이라고 부른다. 자유 의지를 갖고 있는 사람에게는 운명이 자기 긍정의 힘이 되지만, 그렇지 못한 사람에게 운명은 자기 부정의 구실이 된다. 아모르 파티! 운명을 사랑하라!

우리의 삶의 의미는 긍정에서 생겨난다. 있는 그대로의 상태를 받아들이라는 말이 아니다. 자신의 변화에 대한 가능성과 잠재력을 긍정하라는 말이다. 우리는 자기 자신에게 수수께끼 같은 비밀로 남아야 창조

슐포르타 교정에 있는 석상. 말 위에
앉아 있는 소년의 생각하는 모습이
위태롭다.

적이 된다.

우리는 자기 자신을 잘 알지 못한다. 인식하는 사람들인 우리들조차 우
리 자신을 잘 알지 못한다. 우리는 필연적으로 우리 자신에게 이방인으로
머문다. 우리는 우리 자신을 이해하지 못한다. 우리는 우리 자신을 혼동
하지 않을 수 없다.[24]

우리의 삶이 영원히 반복되는 것은 우리가 스스로를 알 수 없기 때문
이 아닐까? 그렇다면 영원회귀는 우리의 자유 의지를 부추기는 긍정적
운명이다. 니체는 고독하게 산책하면서 이 운명과 대적한다. 이때부터

그를 평생 동안 괴롭힌 두통이 시작되었다고 하니 그는 온몸과 마음으로 자신의 운명과 싸웠나 보다. 그가 1864년에 쓴 〈미지의 신에게〉라는 시의 구절이 떠오를 때 슐포르타는 완전히 어둠에 잠겼다. 우리 모두가 미지의 신을 품고 있는 것처럼.

> 나는 당신을 알고 싶습니다, 미지의 신이여,
> 나의 영혼 깊숙이 파고드는 당신을,
> 폭풍우처럼 나의 삶을 파헤치는 당신을,
> 파악할 수 없는 당신은 나의 동족입니다.
> 나는 당신을 알고, 당신을 모시고 싶습니다.[25]

4
루　체　른

호수와
산의 도시에서
방랑을
시작하다

'니체의 길'_스위스

바젤Basel   바젤 대학
                              1869년 4월~1879년 5월 문헌학 교수로 재직

트립셴Tribschen   리하르트 바그너 하우스

루체른Luzern   사자의 기념비
                              루 살로메와 만난 곳

질스마리아Sils-Maria 니체의 여름 휴양지(일곱 번 방문)
                              차라투스트라의 영감을 얻은 곳

                              니체 하우스

                              니체 상설 전시(화~일요일 15 : 00~18 : 00 개방)

                              7514 Sils-Maria, Schweiz

                              Tel. 0041-(0)81-826 5369

                              www.nietzschehaus.ch

*

생각이 막힐 때면 산으로 간다. 숨을 헐떡이며 가파른 산을 올라간다. 발바닥에 땅의 맨살과 돌부리가 느껴지고 종아리가 뻐근해지면 어느새 무념무상의 상태에 빠진다. 아무런 생각 없이 그저 걷는 데 몰두하다 보면 눈과 귀가 열리고, 마음이 조금씩 차분해진다. 산에 오를 때마다 의식을 버려야 마음이 열린다. 진정으로 생각하기 때문이다. 생각生覺은 생생하게 느낀다는 것이다. 내가 생각하는 것이 아니라 생각이 저절로 나를 찾는 것이라는 깨달음을 얻고 산에서 내려온다. 그래서 생각을 정리하고 싶을 땐 숲을 걷지만 생각이 나지 않을 땐 높은 산을 오른다.

높은 산이 있는 곳엔 깊은 계곡과 호수가 있기 마련이다. 흔들림 없이 언제나 그 자리에 서 있는 산과 삶의 굴곡인 양 골짜기를 따라 굽이굽이 흐르는 물이 있는 곳, 스위스의 도시 루체른에서 맞는 아침이 상쾌하다. 오늘은 일찍 나가 도시 구경이나 해야겠다는 생각으로 서둘러 호텔 식당으로 내려간다. 진한 커피와 함께 너무 딱딱해서 썰 때마다 톱밥이 나온다고 친구가 투덜대는 빵에 잼을 발라 먹는 아침 식사가 환상적이다. 출근길에 그곳에 들러 아침 식사를 하는 스위스 사람들이 신문을 넘길 때 나는 소리도 좋다. 아침 식사를 일찍 끝내야겠다는 생각은 온데간데없고 커피 향에 취해 니체의 스위스를 떠올린다.

바젤, 루체른, 트립셴, 쿠르, 질스마리아, 베른, 렌처 하이데. 모두 낯선 이름들이다. 니체가 스물다섯에 문헌학과 교수로 부임하여 10년간 활동한 바젤을 제외하곤 모두 산과 호수가 있는 곳이다. 니체에게 스위스는 어떤 곳이었을까? 우리에게 스위스는 어떤 곳인가? 요즘 많은 사람들이 입에 올리는 국가의 이미지와 정체성이라는 차원에서 생각하면 스위스는 어떤 곳일까? 시계를 생각할 수도 있을 것이다. 직접민주주의와 자유정신을 떠올리는 사람도 있지 않을까. 아니면, 여행 상품의 단골 코스인 융프라우, 인터라켄, 티틀리스, 필라투스, 루체른 같은 높은 산이 스위스의 대명사일지도 모른다. 마터호른 4,478미터, 융프라우 4,158미터, 티틀리스 3,238미터, 필라투스 2,128미터. 나에게 스위스는 높은 산에서 잉태된 자유정신의 나라이다. 땅의 몸을 온몸으로 체험할 수 있는 곳이 스위스이다.

루체른은 오늘 파랗게 빛난다. 하늘이 파랗고, 호수가 파랗다. 그 사이에서 녹색의 숲과 초원이 춤을 춘다. 호젓한 길을 혼자 걷는 것이 좋다. 걷다가 호숫가 벤치에 앉아 잠시 졸아도 괜찮다. 우리의 도시들도 이렇게 아름다우면 얼마나 좋을까. 스위스의 아름다운 도시 루체른과 베른은 모두 인구 15만이 넘지 않는데도 도시의 가치를 잘 보존하고 있다. 게다가 아름다운 자연의 한가운데 자리 잡고 있어서 인간의 도시와 자연의 환경이 뒤바뀐 것 같은 느낌을 준다. 자연이 꽃이 아니라 도시가

융프라우 전경. 자연의 숭고함이 느껴지는 저 산에는 신이 살고 있을까?

자연 속에 핀 작은 꽃처럼 여겨진다. 내 발밑에서 먹이를 찾아 돌아다니는 새들의 소리 사이로 시끌벅적한 음악 소리가 간간이 끼어든다.

소리를 따라 도심으로 들어가니 요란한 음악과 함께 긴 행렬이 이어졌다. 테크노 음악 축제인 '러브 퍼레이드'란다. 1989년부터 매년 이 축제를 열고 있는 베를린의 러브 퍼레이드는 도취의 난장판이라고 하는데 이곳에서는 디오니소스적 흥분과 열광이 느껴지지 않는다. 그래도 귀를 마비시키는 테크노 음악과 몸을 드러내고 춤을 추어대는 군중의 모습에서 축제의 힘을 조금은 맛볼 수 있다. 규칙과 규제와 규율로 가득 찬 일상의 껍데기를 깨버릴 수 있는 축제가 부럽기만 하다. 설령 니체가 꿈꾸었던 디오니소스 축제처럼 자연의 원초적 충동과 하나가 될 수는

없다고 할지라도 허위와 가식을 던져버리고 다른 사람들과 하나가 될 수 있다면 얼마나 좋겠는가? 우리는 본래 신바람이 많은 민족인데 도취와 열광의 축제가 언제부터 우리에게서 사라졌는지 모르겠다. 러브 퍼레이드라도 수입해야 할까.

축제에서 춤을 추는 것은 산을 오르는 것과 같다. 의식을 잃어버리고 몸을 느낀다. 몸을 자연에 맡긴다. 니체가 그토록 몸에 집착한 것도 어쩌면 몸이 문제이기 때문인지도 모른다. 그가 정신병 발작을 일으켰을 때의 증상이 매독과 비슷하여 사람들은 재미로 온갖 상상을 하지만, 니체는 나움부르크 김나지움 시절부터 이미 끊임없는 두통에 시달린다. 두통과 구토와 시력 감퇴는 니체의 문제였다. 남의 고통을 온전히 이해한다는 것은 근본적으로 불가능하다. 자신의 고통으로 남의 고통을 가늠할 뿐이다. 20년 전 독일에서 공부할 때부터 시작된 나의 두통으로 니체의 고통을 상상으로 느껴본다. 푄 바람이 불어 알프스 산맥이 선명하게 다가올 때면 늘 함께 찾아오는 편두통으로 아무 일도 할 수 없었다. 남들은 배탈이 나면 배가 아픈데 나는 머리가 빠개질 듯이 아프다. 한 오라기의 생각도 할 수 없고 한 줄의 글도 쓸 수 없는 고통 속에서 니체의 처지를 짐작해보지만, 니체의 고통은 나와는 비교할 수 없을 정도로 극심했던 것처럼 보인다. 어떤 사상가의 사상을 이해하려면 그의 고통을 먼저 느껴야 한다.

고통은 창조적이다. 정신적 고통은 때로 몸을 무너뜨리지만, 육체적 고통은 종종 우리의 정신을 맑게 한다. 어느 정도 참을 수 있느냐가 문제일 것이다. 남을 고통스럽게 만들며 쾌락을 느끼는 것도 인간이라는 이상한 동물뿐이겠지만, 자신의 육체적 고통을 통해 정신적으로 발전하려는 존재도 인간뿐일 것이다. 수신修身, 몸을 닦는다는 것은 몸의 고통으로 정신을 단련한다는 것이다. 니체에게 몸의 고통이 문제였다면, 그는 자기 자신을 시험하는 수밖에 없었을 것이다. 그는 자기를 닦고, 자기를 통해 세상을 보고, 자기를 만들어간다. 그 중심에 몸이 있다. 니체의 몸은 실존의 고통이 된다.

니체가 1879년 봄 바젤 대학 교수직을 포기했을 때, 그는 이미 한계에 도달해 있었다. 견디기 힘든 두통, 구토, 현기증을 수반하는 발작이 더욱 자주 일어났다. 글을 읽고 쓰는 사람에게 무엇보다 중요한 눈은 점점 더 아파오고, 시력은 실명할 정도까지 나빠졌다. 1877년에서 1880년 사이의 상황은 회복할 수 없을 정도로 악화되었다.

나의 실존은 끔찍한 짐입니다. 이런 고통과 거의 절대적인 금욕의 상태에서도 정신과 윤리의 영역에서 매우 교훈적인 시험과 실험을 하지 않았더라면, 나는 이 짐을 이미 오래전에 던져버렸을 겁니다. 인식의 갈증에서 느끼는 기쁨으로 나는 모든 고문과 절망을 이겨낼 수 있는 높은 곳으로 올라설 수 있었습니다.[1]

고통 없이는, 학자는 될 수 있지만 사상가는 되지 못한다. 자신이 실존해야 할 의미를 찾지 못해 고통을 당해보지 않은 사람, 던져버리고 싶은 실존의 무거운 짐을 느껴보지 못한 사람이 어떻게 깊은 사유를 할 수 있단 말인가. 니체는 결국 정신 병원에 가야 하는 것은 아닌지 주위 사람들이 걱정할 정도로 상태가 악화된다. 뇌질환으로 일찍 죽은 아버지 생각에 자신에게도 똑같은 운명이 닥칠 수 있다는 두려움이 니체를 엄습한다. 이제는 글도 쓸 수 없는 것이 아닐까. 니체는 1879년 《인간적인, 너무나 인간적인》 최종 원고를 보내면서 자신의 두려움을 토로한다.

하느님 맙소사, 어쩌면 이게 나의 마지막 작품일 거야.[2]

니체는 무너져가는 자신의 몸에 균형을 잡아줄 수 있는 정신적 힘을 강구한다. 정신이 더 깊고, 더 무겁고, 더 강해져야 하는 것이다.

모든 좋은 사물들은 삶의 강력한 자극제이다. 삶에 반대해 쓴 어떤 좋은 책조차도 그렇다.[3]

고통을 회피하고 쾌락만 추구하거나 고통에서조차 쾌락을 추구하는 현대인들은 과연 어디에서 삶의 자극제를 얻을까? 이런 의문과 함께 시끄러웠던 러브 퍼레이드의 행렬은 사라졌다.

*

루체른은 아름답게 작은 도시이다. "작은 것이 아름답다"라는 슈마허의 말이 생각난다. 작은 것에도 새것이 있고 헌것이 있다. 루체른의 호수 피어발트슈테터제에서 흘러 나가는 로이스 강은 도시를 구시가지와 신시가지로 갈라놓는다. 호수의 이름도 예쁘다. 독일어로 '피어Vier'는 넷이란 뜻이고, '발트Wald'는 숲, '발트슈테터Waldstätter'는 숲 소재지란 뜻이니, 호수를 둘러싼 네 개의 마을이라는 의미가 된다. 사실 루체른은 인구 7만 6,000명 정도에 불과하니, 도시 대신 마을이라 불러도 지나치지 않다.

마을은 작아도 문화는 다양하다. 나는 도시와 시골을 구분하는 가장 커다란 기준이 바로 다양성이라고 생각한다. 다양성이 없으면 도시가 아무리 커도 큰 시골에 불과하다. 도시의 색깔이 다양하다면 어쩌면 크기는 작을수록 더 좋을지도 모른다. 루체른이 바로 그런 도시이다. 이 도시에 대해 언급한 적은 별로 없지만, 니체는 루체른을 좋아했을 것 같다. 로이스 강을 가로지르는 다리를 천천히 건 간다. 나무로 된 갈색 다리가 파란 호수와 잘 어울린다. 유럽에서 가장 오래된 목조 다리인 이곳은 14세기 초 도시 성벽의 일부로 건설되었는데, 이름은 인근에 있는 성 베드로 예배당에서 가져왔단다. 예배당을 독일어로 카펠레라고 해서 카펠브뤼케Kapellbrücke. 길이 170미터인 이 다리는 천천히 걸어야 한다. 아니, 호수 위로 떠오른 도시의 모습에 취해서라도 천천히 걸을 수밖에 없다. "좋은 날들은 좋은 발로 가기를 원한다."[4]

구경을 하지 않아도 좋다. 생각을 하지 않아도 좋다. 온갖 잡념을 호수에 던져놓고 몸을 자유롭게 햇살에 내맡겨도 좋다. 맑은 햇살은 호수 주위의 산들을 더욱 높게 만든다. 우리의 산도 좋지만, 스위스의 산이 좋은 것은 호수가 있기 때문이다. 그렇지만 아는가, 이 호수가 자연의 상처라는 것을. 몇만 년 전 빙하가 천천히 지나간 자리에 아름다운 호수가 생긴 것이다. 형언할 수 없이 아름다운 저 호수는 그 깊은 곳에 자연의 아픔을 머금고 있다.

따가운 햇살이 살갗을 파고들어 자리를 떠난다. 천천히 걷는다. 어느 도시이든 구시가지는 눈으로 보는 곳이 아니라 발로 보는 곳이다. 신시가지의 휘황찬란한 불빛과 외관은 재미있는 눈요기는 되지만 음미하는 맛은 떨어진다. 시내 관광 버스 이층에서 바라본 도시의 풍경은 금방 날아가지만, 걸어서 본 도시의 모습은 마음에 새겨진다. 도시는 발로 걸어야 제맛이 난다. 니체는 발로 쓴다고 하지 않았는가.

발로 쓴다.
나는 손으로만 쓰는 것은 아니다.
발도 항상 글 쓰는 사람과 함께하길 원한다.
내 발은 확고하고 자유롭고 용감하게
들판을, 종이 위를 달린다.[5]

다리를 건너 멀리서 보이던 뾰족한 교회 첨탑과 한 몸인 호프키르헤 교회가 나타난다. 8세기에 베네딕트회 수도원으로 건축되었지만 화재로 파괴되어 17세기에 지금의 모습으로 재건되었단다. 르네상스 양식

루체른의 상징인 목조 다리 카펠브뤼케와 그 중간의 팔각형 석조 탑 바서투름.
다리는 루체른 신시가지와 구시가지뿐만 아니라 하늘과 물 또한 갈라놓고 연결한다.

인 교회 건물은 바로크 스타일의 예수회 교회와는 다른 분위기를 풍긴다. 여느 때 같으면 더위를 식히기 위해 교회 안으로 들어가고 싶었을 터인데, 오늘은 웬일인지 계속 걷고 싶다. 루체른은 안보다는 밖이 더 아름다운 도시이다. 도시 성벽을 따라 걷다 보니 니체가 루 살로메를 만났다는 사자 정원이 눈에 들어온다.

자연 암벽에 조각된 사자는 죽어가는 모습이다. 죽어가는 사자. 니체는 왜 이곳에서 살로메를 다시 한번 보고자 한 것일까? 사자의 모습이 처연하고 비극적이다. 이 기념상은 프랑스 대혁명의 이야기를 담고 있다. 이 기념상을 제작한 카를 피퍼 폰 알티스호펜(1771~1840)은 파리 왕실 친위대 소위였는데, 그가 루체른에서 휴가를 보내고 있던 1792년 8월 15일 혁명군이 파리 궁정으로 돌격하여 왕을 지키던 스위스 친위대 천여 명을 거의 몰살시켰다고 한다. 이 죽어가는 사자는 왕을 지키기

루체른의 사자 조각상

위해 죽음을 불사했던 스위스 친위대를 기리는 것이라고 한다. 로마의 바티칸을 지키는 근위병들도 스위스 친위대라고 하니 스위스 용병은 전통이 오래됐는가 보다. 무엇을 위해 장렬하게 죽을 수 있다는 것은 항상 외경심을 불러일으킨다. 그것이 혁명군의 경우이든 아니면 타도의 대상인 왕의 친위대의 경우이든. 우리는 무엇을 위해 죽어가는가?

로마에서 처음 만난 살로메에게 넋이 나갔던 니체는 그녀와 함께 이탈리아 오르타 호수를 여행한 뒤 이곳에서 다시 만나기로 약속한다. 마지막 힘을 낸 것일까. 우리의 본능과 충동은 이성과 의식보다 진실하다고 하지만, 우리의 감정에 영속성을 부여하는 것은 이성의 해석이 아닐까. 니체로 하여금 만난 지 얼마 안 된 살로메에게 청혼을 하게 한 것은 밀물처럼 밀려오는 정념이었지만, 그녀에게 마지막으로 청혼을 하기 위해 만나기로 약속한 이곳에서 니체의 정념은 죽어가는 사자처럼 이미 사그라지고 있지 않았을까. 니체는 이번에도 자신에게 솔직할 수 없었다. 그는 자신의 감정이 어떤 것인지를 알지 못했다.

1882년 5월 13일 니체는 살로메에게 청혼을 하지만 다시 거절당한다. 아무튼, 니체는 품위를 잃지 않고 16일까지 살로메와 함께 지낸다. 살로메는 이렇게 기억한다.

우리가 이탈리아를 떠난 뒤, 니체는 바젤에 있는 오버베크 가족을 방문했다. 그렇지만 니체는 바젤에서 바로 와 루체른에서 우리와 합류했다. 나중에 이유를 생각해보니 파울 레가 로마에서 자신의 감정을 충분히 지원해주지 않았다고 여긴 니체가 나와 개인적으로 이야기하고 싶어 했기 때문이었다. 그리고 이 일은 루체른의 사자 정원에서 이루어졌다. 이때 니체는 우리 셋의 사진을 찍자고 했다. 자신의 얼굴을 모사하는 것을 평

왼쪽부터 살로메, 파울 레, 니체. 1882년 루체른의 쥘 보네Jules Bonnet 아틀리에에서 촬영.

생 동안 병적으로 싫어했던 파울 레의 격렬한 반대에도 불구하고 사진을 찍었다. 니체는 아주 신이 나서 사진을 고집했을 뿐만 아니라 세세한 부분을 손수 그리고 열심히 신경 썼다. 작은 건초 마차와 심지어 채찍에 달려 있는 라일락 가지의 싸구려 위조품까지.[6]

같은 여자를 사랑하지만 똑같이 거절당한 두 남자가 함께 사진을 찍는다. 여자에게 갈 때는 채찍을 잊지 말라고 말한 니체가 자신과 파울 레를 마차 앞에 묶어놓고 살로메에게 채찍을 들린 이유는 무엇일까? 평생 얼굴이 남는 것을 혐오했던 파울 레는 오히려 정면을 바라보게 하고 자신은 두 사람과 관계없는 듯이 먼 산을 바라보는 니체의 마음은 어떠했을까? 그는 감정이 스스로 끝자락을 보이기 이전에 이미 감정을 죽이고 있었던 것 같다. 죽어가는 사자처럼.

*

삶과 죽음 사이에 걸쳐 있는 우리의 실존은 일종의 간주곡이다. 인터메조. 인터메조는 앞의 막을 이어받아 새로운 막을 잉태한다. 사람들은 간주곡을 본래의 곡이 시작되기 전의 장식쯤으로 생각하기도 하지만, 간주곡이 없다면 막과 막이 이어지지 않기 때문에 간주곡이 정말 핵심이라고 할 수 있다. 우리의 삶도 간주곡이다. 자연의 생명이 이어지도록, 요즘 유행하는 말로 표현하자면 생명의 지속 가능성을 위하여 우리는 짝짓기를 한다. 식물의 가장 아름다운 부분이 꽃이지만, 꽃은 실상 식물의 생식기이다. 삶의 전체 과정에서 보면 꽃은 생명의 간주곡이고, 우리의 삶 역시 자연의 간주곡이다. 우리가 이 간주곡에 어떤 의미를 부여하느냐에 따라 간주곡의 아름다움이 색깔을 달리할 뿐이다.

바젤 대학 시절은 니체의 삶에서 간주곡이었다. 학문의 엄격함과 치열함, 진리에의 의지를 그 극단까지 몰고 가는 열정, 어떤 금기와 편견도 두려워하지 않는 실험 정신으로 구성된 니체의 간주곡은 그의 삶에 어떤 영향을 미쳤을까? 몸이 무너져 내릴 때 그의 정신은 무엇을 붙잡고 있었을까? 루체른의 한 지명은 이 물음에 단서를 제공한다. 트립셴. 행정 구역상 루체른에 속해 있는 트립셴은 호수를 향해 혀를 내밀고 있는 곳이다. 호수와 육지가 만나는 이곳에 리하르트 바그너의 집이 있다.

바그너는 자신의 도피처가 되는 이곳에 1866년 자리를 잡아 아내 코지마와 아이들과 함께 6년간 살았다. 그리고 이곳에서 〈마이스터징어〉와 〈니벨룽겐의 반지〉를 작곡했다.

니체는 바젤 대학 교수로 부임하자마자 라이프치히에서 알게 된 바그너의 초청을 받아들여 1869년 5월 17일 트립셴을 처음 방문한다. 니체가 스무 번 넘게 이곳을 방문하고, 자신만의 손님방을 가질 정도였다고 하니 니체와 바그너의 관계가 어떠했을지는 충분히 머릿속에 그려진다.

> 존경하는 선생님, 얼마나 제가 선생님께 감사하고 있는지 아무런 거리낌 없이 터놓고 말할 수 있기를 오랫동안 마음에 품고 있었습니다. 내 생의 지고지선의 순간들이 선생님의 이름과 연결되기 때문입니다.[7]

니체에게 바그너는 쇼펜하우어가 천재라고 부른 사람의 유형에 딱 들어맞는 사람이었으며, 니체가 추구하는 디오니소스적 음악가의 전형이었다. 두 사람은 함께 산보하며 철학과 음악에 관해 이야기를 하고, 가까운 사람들과 친교를 나누고, 바그너가 자신의 아들을 위해 작곡한 〈지크프리트 전원시〉를 함께 체험한다. 니체는 무엇보다 바그너의 아내 코지마를 훗날 "내가 은밀히 사랑하는 아리아드네"라고 부를 정도로 사랑하게 되었고, 그녀에게 바젤에서 산 와인 잔이나 조그만 인형들을 선물하곤 한다. 니체가 스스로 고백한 것처럼 트립셴에서 보낸 시간은 그에게 가장 행복한 시간이었다. 정신의 스승을 만나는 것도 좋은 일인데, 스승의 부인까지 좋을 때에는 관계가 더욱 매력적이다. 사상이 아무리 심오할지라도 감성의 옷을 입지 않으면 힘을 발휘하지 못한다.

니체의 삶과 사상에서 간주곡과도 같은 바그너와의 만남은 사실 니체

루체른 트립셴의 바그너 하우스. 바그너가 1866년에서 1872년까지 세 들어 살았던 이 집을 루체른 시가 1931년 사들여 주위의 공원과 함께 바그너 박물관으로 만들었다. 1938년 토스카니니의 지휘 아래 이 집 앞에서 루체른 음악 축제를 연 것이 루체른 페스티벌의 효시가 되었다.

의 삶의 방향을 틀어놓는 커다란 사건이었다. 드라마란 그리스어로 본래 '사건'을 뜻한다고 하지 않는가. 그러나 니체는 1876년에 바그너와 결별하게 된다. 니체가 젊은 시절 그토록 열정적으로 따르고 동조했던 악극의 음악가에게 등을 돌린 이유는 도대체 무엇일까? 음악가 바그너에게 니체의 철학과 문헌학이 필요했다면, 철학자 니체에게는 바그너의 음악이 필요했다. 그들은 예술을 단순한 상품으로 전락시키는 자본주의의 세류에 함께 대항해 싸웠다. 막스 베버의 말을 빌리자면 세계는 합리화되고, 탈마법화되고 있었다. 자연이 어떤 이유에서도 침해될 수 없는 마법과 신성함을 상실하면, 자연을 따르는 예술도 아우라를 상실한다. 영적인 분위기가 없는 예술 작품은 단순한 장식품으로 전락한다. 신화를 상실한 시대에 예술의 영역에서 신화를 부활시키려 한 사람들이 바로 바그너와 니체이다. 바그너에게서 예술은 종교의 자리에 오른다.

> 종교가 예술이 되는 곳에서 예술에게는 종교의 핵심을 구원할 특권이 주어진다고 말할 수 있을 것이다.[8]

니체는 바그너의 이런 사상에 깊은 감동을 받는다. 그렇지만 점차 이 사상이 너무 종교적이고 경건하다고 생각하여 그에게 거리를 두기 시작한다. 니체가 예술에서 기대하는 것은 종교적 구원이 아니라 삶의 고양이다. 우리는 자신의 삶을 유일무이한 예술 작품으로 만들어야 한다는 것이 니체의 핵심 사상이다.

니체를 바그너에게 이끈 것도 사상이고, 그와 결별하게 만든 것도 사상이다. 그렇다면 그가 가장 행복했다고 여겼던 그 시절의 인간관계는 어디로 간 것일까? 대부분의 사람들은 삶과 사상, 관계와 가치를 분리해 생각한다. 미운 정 고운 정은 가치와 판단의 저편에 있는가 보다. 대체로 우리는 어떤 사람이 도저히 이해할 수 없는 행동을 하고, 도무지 받아들일 수 없는 가치를 대변해도 그와의 관계는 유지한다. 관계는 계속되고 가치는 변화하기 때문일까. 그래도 자신만의 가치를 지키기 위해 관계를 단절할 수 있는 니체의 용기가 부럽다.

니체의 디오니소스는 바그너와의 만남에서 태어난다. 그는 바그너의 음악이 자연과의 디오니소스적 합일을 표현한다고 믿었다. 현대가 철저하게 파편화된 개인을 양산한다면, 자연과 하나 되는 것을 꿈꾸는 니체의 디오니소스는 이미 반시대적이다.

개개인은 그 어떤 초개인적인 것에 헌신해야 한다. 비극은 그 점을 원한다. 죽음과 시간은 개체에게 무시무시한 불안감을 불러일으키며, 개개인은 그러한 불안감을 배워서 잊어야 한다. 왜냐하면 자신의 인생 행로의 가장 짧은 순간에, 가장 작은 원자에서도 이미 개개인은 어떤 성스러운 것과 마주칠 수 있게 되며, 그것은 모든 싸움과 모든 고난을 한없이 보상해주는 어떤 것이기 때문이다. 이는 비극적으로 계획되어 있다는 것을 뜻한다.[9]

자기 자신을 위해 전체로부터 분리되어 개별화된 인간이 전체를 꿈꾸는 것은 비극적이다. 어떤 개체에게서나 전체에게 부여된 신성함을 발견하려는 것도 비극적이다.

대지가 경련하는 것을 느낀 적이 있는가? 세계가 도취에 떠는 모습을 본 적이 있는가? 예술가는 인간과 세계가 일치하는 그 짧은 순간을 포착하려 한다. 인간과 자연이 본성 대 본성으로 만나는 성교의 순간에 일어나는 오르가슴을 표현하는 것이 디오니소스의 예술이다.

모든 인류가 언젠가 죽을 수밖에 없다면—누가 그 점을 의심할 수 있겠는가!—다가오는 모든 시대를 위한 최고의 과제로서 인류에게 목표가 제시된다. 하나의 공통된 것으로 합일되어 하나의 전체로서 목전의 몰락에 대해 비극적 심정으로 맞서자는 목표 말이다. 이 최고의 목표 속에 인간의 모든 순화가 포함되어 있다.[10]

예술의 목표는 전체의 부활이고, 하나의 인간 그리고 하나의 작품 속에 이 합일의 순간을 산출하고 포착하는 것이다.

바그너는 모든 것이 산산이 파편화된 시대에 전체를 담아낼 수 있는

바그너

음악가였다. 그의 신화, 마법, 영웅주의와 사제주의가 니체를 열광시켰다. 예술이 아름다운 장식품으로 여겨지는 시대에 바그너는 숭고함을 대변하는 음악가였다. 그렇지만 숭고함도 연출되고, 상품화되고, 진부해진다.

판단의 기이한 혼탁, 모든 대가를 지불하면서 재미있고 즐거운 것을 얻으려는 천박한 숨어 있는 욕망, 학자인 체하는 관심사, 예술의 진지성에 대해 잘난 체하고 과시하려는 모습, 돈벌이에 대해 동물적 탐욕을 갖고 있는 주최자들의 모습, 자신들의 득실에 따라서 민중을 생각하고 의무에 대한 생각 없이 극장과 음악회를 다니는 상류층의 공허하고 정신 나간 행위—이런 모든 모습이 우리의 현재 예술 상태의 답답하고 타락한 공기를 형성하고 있다.[11]

니체가 당대의 예술에 대해 내린 이 판단은 곧 바그너에게도 적용된다. 1876년 7월 말 바이로이트 바그너 축제 시연을 관람한 니체는 연주회를 둘러싼 온갖 야단법석을 경험한다. 황제의 등장, 황제를 알현하는 바그너의 궁정 예절, 조잡한 무대 장치의 키치, 사교계의 피상적 흥분. 그것은 신화의 상품화이고 예술의 평범화였다. 니체는 상처를 받고 실망하여 떠난다.

니체가 바그너의 음악을 싫어하게 된 이유는 간단하다. 바그너가 상품화의 시대에 대항하기 위해 호출한 신화마저 상품화되었기 때문이다. 오늘날 우주는커녕 자연도 사라지고 있지 않은가. 오늘날 우리가 느낄 수 있는 전체는 인위적으로 조장된 전체일 뿐이다. 우리가 디오니소스적 축제에서 느끼는 전체, 합일, 일체의 감정은 러브 퍼레이드에서 오락으로 변형된다. 니체가 문학적 데카당스를 규정하는 특징은 시사적이다.

생명이 더 이상 전체에 깃들어 있지 않다는 것. 단어가 따로 놀아 문장에서 뛰쳐나오고, 문장이 이웃으로 번져 한 페이지의 의미를 흐려버리며, 한 페이지는 전체를 희생시켜 자신의 생명을 획득한다. 전체는 더 이상 전체가 아니다.[12]

전체가 아닌 개체인 것이 전체인 척하는 것이 바로 데카당스이다. 전체는 오늘날 더 이상 존재하지 않는다.

전체는 더 이상 살아 있지 않다. 전체라는 것은 조합되고, 계산되고, 인위적이며, 하나의 인공물이다.[13]

짧았지만 어쩌면 유일하게 행복했던 시절은 이렇게 끝난다. 바젤 대학 교수 시절과 바그너와의 만남은 다른 삶으로 넘어가는 아름다운 간주곡이 된다. 두통과 구토는 여전히 간헐적으로 찾아오지만 몸이 비교적 괜찮았던 시절이기도 하다. 몸이 무너질수록 니체는 삶과의 합일을 더욱 강렬하게 꿈꾼다. 문헌학과 음악은 어떤 영향을 주었을까? 니체는 어린 시절부터 문헌학과 음악을 결합시키려 노력했다.

언젠가 나는 음악적으로 다룰 수 있는 문헌학적 소재를 발견하게 될 겁니다.[14]

니체의 철학은 악보가 아닌 낱말로 쓴 음악이다. 몸이 시들어갈수록 정신이 예리해지는 그의 운명은 결국 이 꿈을 실현하게 만든다. 문헌학으로 단련된 진리에의 의지는 진리 자체를 시험대 위에 올리고, 모든 순간과 모든 개체 속에서도 전체를 표현하고자 하는 음악은 아포리즘의 문체를 탄생시킨다.

자유로워지고 싶은 사람은 모두 자기 자신에 의해 자유로워질 수밖에 없다.[15]

모든 것에서 자유로워져서 삶과 사상을 일치시킬 수 있는 새로운 가치를 세우고자 하는 니체가 선택한 소재는 결국 자신이다. 그의 몸과 삶만큼 훌륭한 사유의 대상은 없을 것이다. 루체른 트립셴의 정원은 마음이 시리도록 아름답다. 참 이상한 일이다. 마음이 아프면 세상은 더 아름다워진다. 독감에 걸려 몸져누워 며칠을 헤매다가 처음으로 본

파란 하늘과 쏟아지는 햇살이 잔인하도록 아름다운 것을 경험한 적이 있는가. 니체와 바그너를 생각하며 상념에 빠져 벤치에 앉았다가 다시 산보를 하면서도 주위는 눈에 들어오지 않았다. 바그너 하우스 앞에서의 연주회는 정말 운치가 있을 것 같다는 생각이 갑자기 든다. 언제 기회가 되면 8월 중순에서 9월 중순까지 이어지는 루체른 여름 페스티벌에 와야겠다는 의지 아닌 희망이 샘솟는다. 내년엔 트리스탄과 이졸데, 로미오와 줄리엣과 같은 비극적 사랑이 주제라고 하던데. 루체른이 점점 더 아름답게 빛날수록 니체의 절망이 더욱 절실히 느껴진다.

읽을 수도 없고! 좀처럼 쓸 수도 없고! 사람들과 교제하지도 않고! 음악도 들을 수 없고! 혼자 있으면서 산보하는 것.[16]

육체의 고통이 심해질수록 사유에 대한 니체의 열망은 더욱 강해진다. 사유하는 것만이 육체적 고통을 이겨낼 힘을 주기 때문이다. 니체에게서 사유는 강렬한 감정과 정념으로 이루어진다. 남들이 느끼는 것처럼 니체는 사유한다.

나는 아직 살아 있다, 나는 아직 생각한다. 나는 아직 살아야만 한다, 아직 생각해야만 하니까. 나는 존재한다, 고로 나는 생각한다. 나는 생각한다, 고로 나는 존재한다.[17]

이렇게 생각하며 살 수 있을까? 이토록 열정적으로 살며 치열하게 생각할 수 있을까?
이렇게 차라투스트라의 방랑은 시작된다. 고독과 고통에 휩싸이면서도 삶을 한마디의 말로 붙잡으려는 열정으로 디오니소스의 춤사위는 시작된다. 니체는 자신을 찾아 자기를 시험하는 고행의 길을 떠난다. 정신이 있는 한 고행은 계속된다. 왜 니체는 정신을 놓기 직전, 고행을 마치고 깊은 잠에 떨어지기 직전에 디오니소스 송가에서 아리아드네의 탄식을 듣는 것인가?

> 나 이렇게 누워 있네.
> 몸을 굽히고, 몸을 뒤틀며,
> 온갖 영원한 고문으로 고통 당하면서
> 그대 잔인하기 이를 데 없는 사냥꾼의
> 화살에 맞아,
> 그대 미지의—신이여.
>
> 현명해라, 아리아드네!
> 는 작은 귀를 가졌으며, 너는 내 귀를 갖고 있으니,
> 그 안에 현명한 말 하나를 꽂아 넣어라!
> 자기에게서 사랑해야 하는 것을 먼저 미워해서는 안 되지 않겠는가?
> 나는 너의 미로이다.[18]

아리아드네는 도대체 누구인가? 니체는 자신 외에는 아리아드네가 누구인지 알 수 있는 자가 없다고 말한다. 니체가 자신의 은밀한 여인 코지마 바그너를 신화의 여인 아리아드네로 불렀다면, 아리아드네는 숨겨놓은 그 자신의 분신인가? 고대 그리스 신화에 의하면 아리아드네는 크레타의 왕 미노스의 딸이다. 미노스는 아내 파시파에가 황소와 관

바그너 부부. 바그너의 아내 코지마는
니체의 은밀한 '아리아드네'였다.

계하여 낳은, 머리는 소이고 몸은 사람인 괴물 미노타우로스를 미궁, 즉
라비린토스에 가두고 해마다 그에게 아테네의 소년 소녀를 일곱 명씩
제물로 바치게 했다. 이에 아테네의 왕자 테세우스가 미노타우로스를
없애려고 제물로 가장하여 크레타 섬에 온다. 그를 보고 한눈에 사랑에
빠진 아리아드네는 그에게 마법의 칼과 실타래를 주었다. 미노타우로
스를 없앤 테세우스는 그 실을 따라 무사히 미궁 속에서 빠져나올 수
있었다. 테세우스는 아리아드네에게 결혼을 약속하고 그녀와 함께
크레타 섬을 떠나지만, 포도주의 신 디오니소스의 명령에 따라 잠자는
그녀를 낙소스 섬에 버려두고 떠난다. 디오니소스는 버려진 아리아드
네와 결혼하여 그녀를 불멸의 존재로 만든다.

티치아노의 〈바쿠스와 아리아드네〉

아리아드네는 한편으로는 코지마 바그너에 대한 니체의 관계를 상징하지만, 다른 한편으로는 스스로를 디오니소스로 이해하는 니체 자신을 상징한다. 아리아드네는 신화에 의하면 미궁에서 벗어날 수 있는 실타래이다. 그녀는 테세우스에게 버림받고 디오니소스의 사랑을 받지만, 여전히 테세우스를 사랑한다. 그녀의 탄식은 자신과의 불화이다.

누가 아직도 나를 따뜻하게 하는가, 누가 아직도 나를 사랑하는가……
하하하! 나를—그대 나를 원하는 것인가? 나를? 나를—나 전체를?
하하하! 그래서 나를 고문하는가, 그대 어리석은 자여, 그래서 내 긍지를
괴롭히는가? 내게 사랑을 주오—누가 아직도 나를 따뜻하게 하는가?
누가 아직도 나를 사랑하는가?[19]

아리아드네는 진리, 허위, 고통, 쾌락, 정념, 사랑, 욕정의 공생이다. 미궁에서 벗어나게 해주는 아리아드네 자체가 우리의 미궁이 된 것이다. 자아를 찾는 미궁의 과정에서 벗어나게 해주는 것은 자기 자신이지만, 이렇게 찾은 자아는 또 다른 미궁이 된다.

> 미궁의 인간은 결코 자기를 찾지 못한다, 항상 자신의 아리아드네만을 찾을 뿐이다.[20]

니체는 자신의 미궁에서 어떻게 벗어나 자기를 찾아갈 것인가?

5

질스마리아

인간과
시간의 저편 6천 피트에서
차라투스트라를
만나다

*

앞이 보이지 않는다. 한 치 앞도 분간할 수 없는 안개비 속에 구불구불 이어지는 도로는 하나의 미로이다. 안개가 옅어지거나 빗발이 가늘어지는 순간 차창 밖으로 간간이 보이는 폭포와 계곡물은 우윳빛 은하수를 지상에 펼쳐놓은 것 같다. 인적도 없고, 마을도 보이지 않고, 차 한 대 지나가지 않는 길이 갑자기 두려워진다. 뿌연 터널 속을 헤매고 있을지도 모른다는 공포감이 엄습한다. 어릴 적 증기 기관차를 처음 타고 터널로 들어갈 때 느꼈던 불안이 반복된다. 동일한 것의 영원회귀. 터널 속으로 빨려 들어가면 다시는 나오지 못할 것만 같은 어린아이의 불안은 햇빛으로 하얗게 채색된 증기와 함께 터널 반대편으로 빠져나올 때 기쁨과 안도감으로 변하곤 했었다. 불안이 깊으면 기쁨도 큰 법인데, 이 미궁의 길은 끝나지 않을 것만 같다.

루체른에서 동쪽으로 달려 쿠르까지 오는 길에는 전형적인 스위스 풍경이 이어졌다. 높은 산과 맑은 호수. 호숫가에 옹기종기 모여 있는 목조 주택들도 아름답지만, 가파른 경사 위에 점점이 박혀 있는 스위스 농가들이 높은 산과 잘 어울린다. 호수에서 산으로 시선을 옮기면 항상 눈이 멈추는 중턱에 빨간 지붕을 얹은 하얀 집들이 서 있다. 계산을 하고 자리를 잡은 것인가? 아니면, 몸이 편안한 장소를 찾아내는 우리의 직관이 더 정확한 것인가?

니체는 밀려오는 고통과 고독 속에서 직관에 의지한 채 방랑의 길을 떠난다. 자기 자신을 찾아서. 자신의 정신이 몸의 고통을 얼마나 견뎌낼 수 있는가를 시험하며 니체는 철학의 유목민이 된다. 그는 병든 몸에 조금이라도 도움이 되는 최적의 기후와 장소를 찾아다닌다. 그의 유일한 동반자는 고독이다. 이곳저곳으로 끊임없이 옮겨 다닌 탓에 가족과 친지들과는 오직 편지로 교류할 수밖에 없기도 했지만, 고독은 고통과 함께 심오한 사상을 연마하는 가장 좋은 수단이었다. 니체는 점점 더 어느 누구와도 나눌 수 없는 사상을 발견한다. 그는 물론 자신의 통찰과 사상을 글로 전달하려고 노력하지만 결국에는 이해보다는 오해될 사유의 경험을 하게 된다. 《차라투스트라는 이렇게 말했다》는 몸의 고통이 정신적 고독을 만나 잉태한 작품이다. 이 책의 부제가 말해주는 것처럼 "모든 사람을 위한, 그러면서도 그 어느 누구를 위한 것도 아닌 책"[1]이 니체의 삶이고 사상이다.

니체의 차라투스트라는 누구인가? 니체는 왜 자신의 사상을 전달하기 위해 페르시아 조로아스터교의 창시자 차라투스트라의 입을 빌린 것일까? 기원전 2000년 내지 1000년에 살았다고 전해지는 조로아스터 (독일어명 차라투스트라)는 선이 악을 이기는 최후의 심판까지 선과 악의 투쟁이 우리의 삶을 지배한다고 보았다. 인간은 이때까지 올바른 길을

라파엘로의 〈아테
네 학당〉에 그려진
조로아스터 상상도

자유롭게 선택할 수 있다고 한다. 길의 올바름은 진실성에 달려 있다. 조로아스터의 유일신인 현명한 주인 아후라 마즈다가 진실성의 토대 위에 이 세상을 창조했기 때문이란다. 니체의 차라투스트라는 역사적인 조로아스터와 관계가 없다. 그런데 니체는 왜 차라투스트라에게 선악의 구별을 초월한 현자의 의미를 부여한 것일까? 조로아스터는 선한 정신Spenata Mainyu과 악한 정신Angra Mainyu을 쌍둥이로 본다고 한다. 태생이 같다는 뜻이다. 창조와 파괴, 진리와 허위, 참과 거짓, 덕성과 악덕, 선과 악이 같은 원천에서 나왔다면, 우리는 정말 선과 악의 저편에 있는 근원을 찾을 수 있는 것인가? 어지러운 생각이 안개비를 더욱 짙게 만들었는지, 길은 점점 더 미궁 속으로 빠져드는 것 같다. 아무튼, 올바른 길에 이를 수 있는 조로아스터의 가르침이 니체의 길잡이가 된 것은 틀림없어 보인다. 좋은 생각, 좋은 말, 좋은 일. 니체는 생각하기 위해 살고, 삶으로 얻은 사상을 담을 좋은 낱말을 찾고, 말과 사상이 잘 실행

되기를 바라지 않았는가?

니체는 바젤을 떠나면서 처음엔 나움부르크에서 채마밭이나 가꿀 생각이었다. 뿌린 대로 거두는 농부의 삶에서 생각한 대로 사는 철학자의 전형을 보았을 수도 있다. 그렇게 살았던 에피쿠로스와 볼테르를 염두에 두었는지도 모른다. 그렇지만 그는 곧 산보와 방랑의 삶을 살기 위해 이탈리아로 떠난다. 가르다 호수, 베네치아, 니스, 제노바, 소렌토, 메시나, 로마, 밀라노, 오르타 호수, 마조레 호수, 토리노. 몸에 맞는 기후와 풍토는 새로운 사상과 미래의 철학을 길러낼 토양이 될까? 니체는 겨울철에는 태양이 있는 남쪽으로 내려가지만, 여름이면 스위스 질스마리아를 찾아 3개월씩 머물곤 했다. 그가 1881년 7월 4일 처음 방문한 이래 차라투스트라의 영감을 얻은 후 토리노에서 정신을 놓을 때까지 일곱 번이나 찾은 곳이 바로 질스마리아이다.

안개 속 저 너머에 차라투스트라의 하산이 시작된 곳이 있는데 질스마리아는 쉽게 문을 열지 않는다. 젖빛으로 짙어지는 안개 속에 빗줄기는 더욱 거세졌다. 길가에 핀 이름 모를 보랏빛 알프스 꽃과 조그만 호수들이 암흑 속에서 생명이 있음을 알려준다. 미로에 갇혀보지 않은 사람은 사상이 고통 속에서 태어난다는 것을 알지 못한다.

자신의 내면에서 모든 별이 원형 궤도를 따라 움직이는 사상가는 가장 심오한 사상가가 아니다. 무한한 우주 공간을 바라보듯이 자신의 내면을 들여다보고, 은하수를 자신 안에 간직한 사람은 모든 은하수들이 얼마나 불규칙한가를 안다. 이들은 실존의 카오스와 미로에 이르기까지 헤치고 들어간다.[2]

율리어파스. 스위스 티펜카스텔과 질바플라나를 잇는 고갯길. 해발 2,284미터.

깔끔하게 정리된 생각은 심오하지 않다. 삶이 본래 혼돈이기 때문일 것이다. 니체는 아리아드네의 실을 따라 실존의 미로 속으로 걸어 들어 간다.

질스마리아로 가려면 재를 하나 넘어야 한다. 율리어파스. 대관령, 한 계령처럼 고산 지대로 넘어가는 좁고 험한 고갯길을 독일어로 파스 라고 하는데, 율리어파스는 해발 2,284미터이다. 쿠르에서 조금 떨어진 해발 851미터의 마을 티펜카스텔에서 시작되는 고갯길은 동남쪽 반대 편에 있는 마을 질바플라나로 이어진다. 질바플라나가 해발 1,815미터 이니 질스마리아는 니체가 말한 것처럼 인간이 사는 곳에서 8,000피트 떨어진 고산 지대라고 해도 과언이 아니다. 안개가 조금씩 옅어지고 빗 줄기가 가늘어진다. 조금 더 올라가니 고갯길 위에 있으리라곤 생각하지 못했던 조그만 호수가 나타난다. 율리어파스 고갯길의 마루에 도달한 것이다.

정상에 다다르자 비안개는 거짓말처럼 걷혔다. 구름 사이로 보이는 하늘은 더욱 파랗고, 고개 반대편에 펼쳐진 호수는 더욱 깊어 보인다. 이렇게 높은 고산 지대에 저토록 아름다운 호수가 있을 수 있을까. 장크트모리츠 호수, 질바플라나 호수 그리고 질스 호수가 기다란 풍선을 중간중간 묶어놓은 것처럼 펼쳐져 있다. 산을 오르지 않으면 산의 풍경을 볼 수 없는 것처럼, 미궁을 지나지 않으면 광명을 느낄 수 없다. 몸이 가뿐해지고, 정신이 맑아진다. 이처럼 속세를 떠난 깊고 높은 산 속에서는 모든 것이 밝게 개는가 보다.

세상은 완전하다―이렇게 가장 정신적인 자의 본능은, 긍정하는 본능은 말한다. 가장 강한 인간이기도 한 가장 정신적인 인간은 그들의 행복을, 다른 자들이라면 몰락을 발견하게 될 바로 거기에서 발견한다. 미궁 속에서, 자기 자신과 타인들에 대한 엄격함에서, 시도하는 데에서. 그들의 즐거움은 자기를 이겨내는 것이다.[3]

안개 속에서 높은 고개를 이겨낸 나에게 질스마리아의 풍경은 완전하다. 높은 산과 맑은 호수, 산과 호수를 감싸고 있는 구름, 구름 사이로 비치는 햇살, 이슬을 머금은 이름 모를 꽃, 고즈넉한 마을, 오롯한 산길. 모든 것이 아름답다. 이 경치를 보며 니체는 자신의 모든 것을 긍정하게 된 것일까? 이곳에서 나도 차라투스트라의 긍정하는 본능을 배울 수 있을까? 고갯마루에서 질스마리아로 내려가는 길이 가볍다.

질바플라나 호수와 주를레이 마을

＊

　차라투스트라의 출생지 질스마리아는 한적했다. 비가 온 뒤라서 그
런지 사람들도 별로 보이지 않는다. 바깥세상에서는 무더위가 기승을
부릴 터인데 이곳의 공기는 신선하다. 주위의 높은 산에서 불어오는 선
선한 바람에 꽃과 풀의 향기가 묻어 있다. 지도가 필요 없는 작은 동네
라서 좋다. 내비게이션 따라 움직이는 요즘 사람들은 지도조차 보지
않지만, 지도 없이 발로 찾는 것이 생각할 여유를 준다. 동네를 한 바퀴
돌다 보면 니체 하우스가 나올 것 같아 이정표를 보지도 않고 발길 가
는 대로 걷는다. 니체가 머물렀던 집은 이미 오래전에 니체의 삶과 사
상에 관한 상설 전시와 현대 예술에 관한 기획 전시가 이루어지는 박물

관으로 바뀌었다고 한다.

1881년 7월 초 니체는 하룻밤 함께 여행했던 엥가딘 사람의 주선으로 우연히 질스마리아에 머물게 된다. 그는 당시 두리슈Durisch 씨 집에 세 들어 살았는데 1883년에 이곳으로 돌아와 1888년까지 머물며 자신의 사상을 가다듬었다.《차라투스트라는 이렇게 말했다》,《선악의 저편》,《도덕의 계보》,《안티크리스트》 같은 작품들이 이곳에서 태어난다. 맑은 하늘, 태양, 호수, 그리고 산에서 불어오는 신선하고 신비로운 바람. 이 모든 것이 니체의 몸에 좋은 영향을 끼쳤는가 보다. 니체는 너무나 행복해서 이곳을 "지구에서 가장 사랑스러운 구석"이라고 부른다.

이렇게 조용한 적이 내겐 없었습니다. 나의 가련한 삶의 모든 조건들이 충족된 것처럼 보입니다.[4]

질스마리아는 니체에게 생각에 집중할 수 있는 안정을 선사한 곳이다. 니체는 1879년 바젤을 떠나 질스마리아와 가까운 장크트모리츠로 올 때만 해도 죽음을 생각하지 않았던가.

나는 서른다섯 번째 삶의 끝자락에 있습니다. "삶의 중간." 사람들은 1,500년 동안 이 시간을 이야기했지요. 단테도 이 시간에 관한 비전을 가져서 자신의 시의 첫 구절에서 이 시간을 말합니다. 그런데 나는 지금 삶의 중간에서 죽음에 둘러싸여 있습니다. 죽음은 곧 나에게 닥칠 수 있습니다. 내가 겪는 고통의 종류라면 나는 경련을 동반하는 갑작스러운 죽음을 생각해야 합니다.[5]

죽음을 생각하던 니체가 이곳 질스마리아에서 다시 삶을 꿈꾼다. 사람은 무릇 생명의 장소를 찾아가야 하는가 보다. 여름 질스마리아의 자연에서 니체는 일종의 해방감을 느낀다. 그는 점점 더 무거워지는 자신의 몸을 견뎌낼 수 있는 자유정신의 가벼움을 얻은 것일까. 니체는 이곳의 모든 길, 숲, 호수, 초원이 자신을 위해 만들어졌다고 생각한다. 아는 사람이 없는 이곳에서 니체는 산보를 하며 자신의 생각에 몰두할 수 있었다. 사유할 수 있다면 살아야만 한다는 생각뿐이었을까. 그는 길을 가는 도중에 떠오르는 생각을 메모할 수 있도록 주머니 속에 항상 종이와 연필을 지니고 다녔다. 산보는 몸과 정신을 진정시켰다. 그의 근육은 끊임없이 움직인 덕택에 군인처럼 튼튼해졌고, 위장과 신경도 별 탈이 없었다. 그렇지만 니체는 눈병 때문에 높은 산은 오를 수 없었다. 이렇게 니체는 질스마리아의 첫 번째 유명한 산보객이 된다.

니체 하우스는 멀지 않았다. 여행을 떠나기 전에 예약하려고 애썼던 에델바이스 호텔이 보이더니 그 옆에 조그만 이층집이 나타난다. 입구의 문 위에는 니체 기념판이 걸려 있다. "이 집에서 프리드리히 니체가 창작 활동이 왕성했던 1881~1888년 여름날에 살았다." 집주인 부부는 니체에게 친절했다고 한다. 니체가 주인집 딸 아드리엔네를 귀여워해서 즐겨 함께 산보를 다녔기 때문에 동네 사람들에게 '아드리엔네의 교수'로 불리기도 했다니 그는 이 고장 사람이 다 되었다고 할 수 있다. 이 집이 에델바이스 호텔에 팔려 오랫동안 호텔 부속 건물로 사용되다가 다시 팔려 상점으로 변할 위기에 처하자 니체 하우스 보존 운동이 일어나 니체 재단이 설립되고, 그 기금으로 니체 사망 60주기인 1960년에 니체 하우스가 문을 열었다고 한다. 니체가 질스마리아를 발견했는지 아니면 질스마리아가 니체를 받아들였는지는 모르지만, 질스마리아는 니체의 사상을 숭배하는 사람들의 순례지가 되었다.

다른 집들보다는 산기슭으로 뒤처져 앉아 있는 니체 하우스의 초라한 모습은 어쩐지 니체의 몸을 닮은 것 같다. 아직도 작은 초가집에 길들어 있는 나의 눈에는 오히려 넉넉해 보이지만, 동네의 다른 집들과 비교하면 이 집은 분명 초라해 보인다. 이 당시만 해도 사람들은 품위 있게 가난할 수 있었던 것 같다. 모든 것이 흘러넘치는 오늘날에는 저런 조건에서 산다면 사람들은 낮은 계층으로 추락하는 박탈감과 모멸감을 느낄 것이 틀림없다. 니체가 그랬던 것처럼 한 세기 전만 해도 사람들은 소박한 삶의 대가로 정신적으로 독립할 수 있었는데. 오늘 우리는 물질적으로 뒷받침되지 않으면 정신적 독립도 누릴 수 없다고 생각한다. 하긴, 이곳의 호텔 방과 식사 값을 생각하면 어느 정도 풍족하지 않고는

질스마리아의 니체 하우스. 가파른 산자락에 자리 잡은 조그만 이층집.
차라투스트라의 상징 독수리상이 금방 니체의 집임을 알려준다.

이곳에서 휴가를 보내는 것이 쉽지 않다. 니체가 오늘 살아 있다면, 그에게 질스마리아는 꿈에서나 아름다운 곳이었을 것이다.

니체 하우스의 일층에는 니체의 삶과 사상에 관한 기록물들이 전시되어 있다. 이곳에서는 특히, 니체가 이 집에서 쓴 편지들을 직접 보면서 필체에 스며든 그의 고통과 열정을 느낄 수 있다. 방 하나에는 바젤 대학 시절 니체의 연구실이 원래의 가구들로 재현되어 있고, 건너편 방에서는 니체에 관한 책들을 구입할 수 있다. 이층으로 올라가는 계단 벽에는 니체와 질스마리아에 관한 사진들이 적절하게 걸려 있고, 이층에는 니체가 사용했던 침대, 책상, 의자, 세숫대야가 본래의 상태로 전시되어 있다. 이곳이 니체의 조그만 은신처다. 자신의 내면의 소리를 들을 수 있는 고독의 은신처.

아, 사랑하는 친구여, 나는 지금 다시 오버-엥가딘에 있다네. 다른 어느 곳도 아닌 이곳만이 나의 진짜 고향이고 온상이라는 것을 새삼 느끼네. 아, 무엇이 나의 내면에 숨겨져 있는 것인지, 그 모든 것이 말이 되고 형상이 되려 하네! 나의 가장 깊은 내면의 소리를 들을 수 있을 만큼 내 주위가 그렇게 고요하고, 높고, 고독할 수가 없네![6]

고독한 철학자의 원룸은 소박하고 초라하다. 창밖으로 보이는 산비탈의 푸른 풀과 꽃들만이 방에 향기와 따스함을 불어넣는 것처럼 보인다. 니체는 사실 이 방에 만족하지 않았다. 니체의 방은 그가 원하는 모든 것의 반대였다. 천장은 낮고, 방은 좁고, 의자는 딱딱하고 불편했다. 글을 쓰는 것을 제외하면 산보 외에 그가 할 일은 없어 보였다. 집 안주인은 니체의 근황을 묻는 어떤 작가에게 이렇게 전했다고 한다.

니체 하우스의 니체의 방

요컨대 니체의 생활은 고독, 글쓰기, 산보, 고통의 연속이라고.

　　그가 아침에 얼마나 일찍 일어나는지 아무도 모른다. 그는 아무도 방해하지 못하도록 문을 걸어 잠그고 동틀 때부터 글을 쓴다. 열한 시에 그는 자신의 골방에서 나온다. 열한 시에 그는 산보하러 나가서, 알펜로제 호텔에서 점심을 먹고 다시 돌아다닌다. 그는 빙하가 있는 펙스탈 계곡으로 들어가는 것을 가장 좋아했다. 네 시나 다섯 시쯤 그는 다시 방으로 돌아와서 저녁 열한 시까지 글을 썼다. 차를 끓이고, 작업을 하고 또 작업을 했다! 그는 종종 아팠는데, 그가 하루 종일 심한 두통으로 앓아누워 지속적으로 토할 때엔 나는 이따금 그의 곁에 앉아 있었다. 그는 천사 같은 인내심으로 이 모든 것을 견뎌냈다. 그렇지만 모든 것의 원인인 작업을 그는 그만두려고 하지 않았고 또 그만둘 수도 없었다. 안정, 고독, 작업—그 밖에 그가 원하는 것은 아무것도 없었다.[7]

니체 하우스를 나와 그와 함께 산보에 나선다. 걸으면서 생각할 수 있는 곳, 생각하며 걸을 수 있는 곳이 질스마리아이다. 나도 생각이 막힐 때마다 대구의 신천을 걷지만 강변에 높이 솟은 아파트 건물들과 우레탄을 깔아놓은 길은 괜스레 발을 재촉하여 생각할 겨를이 없다. 생각은 천천히 해야 한다. 천천히 걸으며 해야 한다. 아름다운 자연은 우리의 발을 붙잡고, 내 몸의 중력을 느끼게 하고, 주위를 둘러보게 만든다. 걷기 좋은 곳, 생각하기 좋은 곳을 꼽으라면 주저 없이 질스마리아이다.

질스마리아의 산보 길은 여러 갈래이다. 첫 번째 길은 니체 하우스에서 출발하여 뒷산의 숲길을 따라 프라쉬라 목초지로 올라간다. 오후의 목장. 숲에 둘러싸인 고산 지대의 초원에서 신성한 정적을 느낄 수 있어 좋다. 두 번째는 니체가 묵은 적이 있는 알펜로제 호텔에서 떠나 질저제, 즉 질스 호수를 따라 걷다가 매년 니체 콜로키움이 열리는 호텔 발트하우스로 가는 길이다. 니체는 특히 육지가 호수를 향해 혀를 내민 듯한 곳cape 샤스테를 좋아했다. 울창한 나무들이 그늘을 드리우는 이곳에서 바라보는 호수와 산과 빙하는 환상적이다. 이곳을 걸은 사람이라면 누구나 예술가의 눈으로 자연을 바라보고, 몸으로 느낀 자연의 아름다움에 고독하고 지고한 사상의 옷을 입히고 싶은 마음이 든다. 이곳의 남쪽 끝자락엔 차라투스트라의 구절이 바위에 새겨져 있다.

세계는 깊다. 그리고 낮이 생각한 것보다 한층 더 깊다.[8]

빙하에서 계곡의 입구 쪽으로 바라본 펙스탈

돌아오는 길에 바라보는 호텔 발트하우스는 동화 속의 성처럼 숲 위로 모습을 드러내고 있다. 니체가 산보 길에 들러 차를 마시고 편지를 쓰던 이곳에 이미 오래전부터 수많은 문인과 예술가들이 머물렀었다고 한다. 헤르만 헤세가 토마스 만을 만나고, 인도의 시인 타고르, 프리드리히 뒤렌마트, 에리히 케스트너, 샤갈, 리하르트 슈트라우스가 휴가를 보낸 이곳에서는 여전히 음악과 문학, 예술과 철학이 살아 숨 쉰다. 너무 비싸 이곳에서 며칠을 묵는 호사는 누릴 수 없지만, 살롱에서 커피 한 잔에 분위기를 맛보는 여유는 가져봐도 좋을 것 같다.

세 번째는 질바플라나 호수를 한 바퀴 도는 길이다. 니체는 눈의 고통과 약해진 시력 때문에 밝은 직사광선을 싫어했지만 자유롭게 펼쳐지는 질바플라나 호수의 평평한 길을 좋아했다. 그는 오전에는 질바플라나의 호수 주위를 걷고 오후에는 뒤편의 펙스탈 계곡으로 들어가곤 했는데, 이따금 순서가 바뀌기도 했다. 오른편으로 걷다 보면 니체가 차라투스트라의 영감을 얻은 주를레이 바위가 나타난다.

> 이제 나는 차라투스트라의 내력을 이야기하련다. 이 책의 근본 사상인 영원회귀 사유, 즉 우리가 도달할 수 있는 최고의 긍정의 정식은 1881년 8월의 것이다. 그것을 종이 한 장에 휘갈겨 쓰고, "인간과 시간의 6천 피트 저편"이라고 서명했다. 그날 나는 질바플라나 호수의 숲을 걷고 있었다. 주를레이에서 멀지 않은 곳에 피라미드 모습으로 우뚝 솟아오른 거대한 바위 옆에 나는 멈추어 섰다. 그때 이 생각이 떠올랐다.[9]

생명체가 아닌 돌에서도 영감을 얻는다.

니체 하우스에서 흘러내리는 계곡 물을 따라 올라가면 저 멀리 펙스

눈 덮인 펙스 빙하가 구름에 가려 있다.

빙하까지 이어지는 긴 펙스탈 실개천이 나타난다. 실개천이라고 하기
엔 넓고, 강이라기엔 좁고, 계곡이라고 말하기엔 완만하다. 계곡 입구에
는 몇 채 안 되는 집들이 수묵화처럼 점점이 찍혀 있고, 계곡으로 들어
갈수록 천연의 자연이 속살을 드러낸다. 계곡 전체가 자연 보호 구역이
라서 차량 출입이 금지되어 있어 관광객들은 질스마리아에서 마차를
타고 움직여야 한다. 차가 다니지 않아 여름엔 하이킹을 하고 겨울엔 노
르딕 스키를 즐기기에 안성맞춤이다. 우리나라 같으면 벌써 모텔이나
리조트가 빼곡하게 들어섰을 터인데. 자연 그대로의 모습을 보존하는
것이 훨씬 더 높은 경제적 부가 가치를 산출한다는 것을 배웠으면
좋겠다. 계곡의 마지막 호텔을 지나 두 시간 정도 더 걸어가면 계곡의

발원지인 펙스 빙하가 나타난다. 3,000미터가 넘는 여러 개의 산봉우리들로 둘러싸인 계곡의 발원지에서 원시적 생명의 숭고함이 느껴진다. 빙하를 바라볼 수 있는 곳에 조그만 오두막이 서 있다. 사람들이 벤치에 앉아 커피와 치즈를 들면서 빙하를 바라보고 있어 자연스럽게 이들과 합류한다. 어느 누구도 말을 하지 않는다. 그저 바라보는 눈길이 머무는 곳에 삶이 함께 흘러간다.

*

니체가 혈연관계로 맺어졌다고 생각한 이곳 질스마리아에서 걷고 머물고 또 걷고 하다 보면 모든 것을 긍정하고 싶어진다. 삶이 좋아 더 살고 싶어지는 곳이 질스마리아이다.

나는 아직 몇 년은 더 살아야만 할 것 같습니다. 아, 친구여, 극도로 위험한 삶을 살고 있다는 예감이 이따금 머리를 스칩니다. 왜냐하면 나는 산산조각이 나 파열할 기계에 속하기 때문입니다! 강도 높은 나의 감정들은 나를 전율케 합니다. 나는 전날 산보를 할 때마다 너무 많이 울었습니다. 그렇지만 감상적인 눈물이 아니라 환호의 눈물이었습니다.[10]

죽음을 직감하고 불안과 두려움에 떨던 니체가 삶의 열정을 느끼도록 만든 것은 질스마리아 자연의 생명력일까? 2년 뒤 니체는 친구에게 이렇게 쓴다.

이 엥가딘은 나의 차라투스트라의 출생지입니다. 나는 차라투스트라와 연결된 사상의 첫 번째 스케치를 막 발견했습니다. 그 밑에 이렇게 씌어 있습니다. "1881년 8월 초 질스마리아에서. 해발 6,000피트, 그리고 모든 인간사보다 훨씬 높은 곳에서."[11]

니체는 속세를 떠난 질스마리아에서 차라투스트라를 만난다.

니체는 차라투스트라에게서 어떤 가르침을 받아 삶을 긍정하게 된 것일까? 우리의 삶에서 일어나는 모든 사건들이 나름의 의미를 갖고 있다면, 우리가 겪는 모든 고통도 긍정해야 하는 것일까. 그것이 아무리 견디기 힘든 것일지라도. 우리는 어디에서 이 순간을 긍정할 힘을 얻을 수 있는가? 내가 이 여행을 떠난 것도 이 물음에 답하기 위해서이다. 거대한 삶의 흐름 속에서 찍는 순간 사라질지도 모를 작은 점 하나 같은 나의 짧은 삶은 도대체 어떤 의미를 갖고 있는가? 나는 어떻게 살아야 하는가? 삶의 의미에 대한 물음이 무의미해진 현대인들에게 삶의 순간은 어떤 가치가 있는 것인가? 니체의 차라투스트라는 이 물음에 정답은 아니더라도 단서는 줄 것만 같았다.

차라투스트라의 핵심 사상은 영원회귀이다. 동일한 것이 영원히 반복된다는 차라투스트라의 가르침이 어떻게 니체의 내면에 깃들어 있던 "긍정의 파토스"[12]를 일깨워놓은 것인가. 니체는《즐거운 학문》에서 차라투스트라의 가르침을 이렇게 전한다.

최대의 중량.─어느 날 낮, 혹은 어느 날 밤에 악령이 너의 가장 깊은 고독 속으로 살며시 찾아들어 이렇게 말한다면 그대는 어떻게 하겠는가. "네가 지금 살고 있고, 살아왔던 이 삶을 너는 다시 한번 살아야만 하고,

또 무수히 반복해서 살아야만 할 것이다. 거기에 새로운 것이란 없으며, 모든 고통, 모든 쾌락, 모든 사상과 탄식, 네 삶에서 이루 말할 수 없이 크고 작은 모든 것들이 네게 다시 찾아올 것이다. 모든 것이 같은 차례와 순서로—나무들 사이의 이 거미와 달빛, 그리고 이 순간과 바로 나 자신도, 실존의 영원한 모래시계가 거듭해서 뒤집혀 세워지고—티끌 중의 티끌인 너도 모래시계와 더불어 그렇게 될 것이다!"—그대는 땅에 몸을 내던지며, 그렇게 말하는 악령에게 이렇게 대답하는 엄청난 순간을 경험한 적이 있는가? "너는 신이로다. 나는 이보다 더 신성한 이야기를 들어보지 못했노라!" 그러한 생각이 그대를 지배하게 되면, 그것은 지금의 그대를 변화시킬 것이며, 아마도 분쇄시킬 것이다. "너는 이 삶을 다시 한번, 그리고 무수히 반복해서 다시 살기를 원하는가?"라는 질문은 모든 경우에 최대의 중량으로 그대의 행위 위에 얹힐 것이다! 이 최종적이고 영원한 확인과 봉인 외에는 더 이상 아무것도 요구하지 않기 위해서는, 어떻게 그대 자신과 그대의 삶을 만들어나가야만 하는가?[13]

우리의 삶, 지구의 생명, 모든 생성과 죽음이 하나의 목표를 향해 불가역적으로 나아가는 것이 아니라 영원히 반복된다는 영원회귀 사상은 존재하는 모든 것들에 무한한 가치를 부여한다. 그것이 무엇이든 간에 최종의 목표를 위해 존재한다면, 존재하는 모든 것들은 단지 수단이고 과정이기 때문이다. 우리는 자식을 낳아 사랑하고, 그 자식은 또 자기 자식을 낳아 사랑한다. 이처럼 사랑의 생식과 번식이 계속되어 도달할 최종 목표는 과연 무엇인가? 그러나 최종 목표는 존재하지도 않고, 설령 존재하더라도 짧은 유한한 삶을 살다 가는 우리로서는 최종 목표가 무엇인지 알 수 없다면. 니체가 신이 죽었다고 선언한 것은 우리의

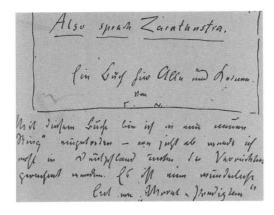

1883년 2월 1일 니체가 쾨젤리츠Heinrich Köselitz에게 보낸 편지. 니체는 여기에서 처음으로 "차라투스트라는 이렇게 말했다"라는 책 제목을 제안한다.

삶에 의미와 가치를 부여할 최종 목표가 존재하지 않는다는 것을 말하지 않는가. 모든 것이 아무런 목표와 의미도 없이 반복된다는 것은 허무주의의 극단적 형식이다. 우리는 이 극단적 허무주의를 어떻게 견뎌낼 수 있는가? 니체는 여기서 이 물음을 거꾸로 세워놓는다. 우리가 사랑하고, 자식을 낳고, 살아가는 것 자체가 우리 삶의 목표라면, 우리의 삶은 그래도 살 만한 가치가 있는 것이 아닌가? 삶은 그 어떤 목표 때문에 사는 것이 아니라 삶 그 자체를 위해 사는 것이다. 이보다 삶을 더 긍정할 수는 없을 것이다.

그런데 우리 현대인들은 항상 목표를 묻는다. 무엇 때문에 사느냐고 묻는다. 미래에 이룰 목표를 위해, 그것이 무엇인지도 모르는 채, 항상 현재를 건 뛴다. 목표를 잃어버린 현대인들에게 현재의 고통과 고뇌는 쓸모없는 것처럼 보인다. 그들은 자신에게서 부족한 면만 본다. 몸은 부실하고, 정신은 공허하다. 이런 현대인들에게 니체는 이렇게 묻는다. "너는 이 삶을 다시 한번, 그리고 무수히 반복해서 다시 살기를 원하는가?" 현재의 순간을 건너뛰는 현대인들에게 발밑의 순간을 보라고 주문하는 것이다. 차라투스트라는 이렇게 말한다.

뒤로 나 있는 이 긴 골목길. 그 길은 영원으로 통한다. 그리고 저 밖으로 나 있는 긴 골목길. 그것은 또 다른 영원이다. 이들 두 길은 서로 모순이 된다. 그들은 서로 머리를 맞대고 있다. 그리고 여기, 바로 이 성문에서 그들은 만난다. 그 위에 이름이 씌어 있으니 '순간'이 바로 그것이다.[14]

과거의 시간과 미래의 시간이 만나는 곳이 지금 이 순간이며 또 모든 순간이 회귀한다는 사실은 '지금 그리고 여기'에 영원의 가치와 품위를 부여한다. 우리는 행위를 하면서 이렇게 물어야 한다. 그것은 정말 네가

질스마리아 뒷산에서 내려오는 물줄기가 디오니소스의 행렬 같다.

수없이 반복해서 하기를 원하는 것인가?

삶 자체가 가치 있고 또 모든 순간이 영원하다면, 우리는 이 순간 우리에게 나타나는 모든 것을 긍정하지 않을 수 없다. 차라투스트라의 영원회귀 사상은 이 순간 이 세상에 영원의 낙인을 찍는다.

> 우리가 어떤 한 순간에 대해 '예'라고 말한다면, 그것으로써 우리 자신에게뿐만 아니라 모든 실존에 대해 '예'라고 긍정한 것이다.[15]

이 세상의 모든 것들이 존재하는 데 영원이 필요했다면, 우리가 어떻게 이 모든 것을 긍정하지 않을 수 있겠는가? 이 세상엔 버릴 것이 하나도 없다. 이보다 더 커다란 세계의 긍정이 어디 있을까. 니체는 만신창이가 된 자신의 몸으로 치열하게 살아낸 자신의 삶과 사상을 긍정할 수 있는 힘을 이곳 질스마리아에서 얻는다. 고대 그리스의 철학자 헤라클레이토스가 에페소스의 여신과 떨어질 수 없는 관계인 것처럼, 질스마리아를 떼어놓고 니체를 생각할 수 없을 것 같다. 질스마리아가 북쪽에서 발견한 생각하기에 최적인 장소라면, 이탈리아의 토리노는 남쪽에서 발견한 삶에 최적인 장소일지도 모른다. 니체가 남쪽으로 갈 때마다 거쳐 지나갔던 말로야파스가 저 멀리서 손짓한다. 니체 하우스가 등지고 있는 높은 산에서 디오니소스의 행렬 같은 폭포들이 쏟아져 내린다. 심오한 생각이 저절로 찾아올 것 같은데, 그 생각을 잡기엔 질스마리아가 너무 아름답다.

질스마리아.
여기에 나는 앉아, 기다리고 또 기다린다──무無를,

선악의 저편에서, 빛을 즐기고

또 그림자를 즐기며, 모든 것은 유희일 뿐,

모든 것은 바다이고 정오이고 목표 없는 시간일 뿐.

그때 갑자기, 나의 여인이여, 하나가 둘이 되었다—

그리고 차라투스트라가 내 곁을 지나갔다.[16]

6

로   마

지성이
에로스의 옷을 입는
도시에서
루 살로메를 만나다

              *

  오늘 드디어 떠난다. 로마로 떠난다. 여행의 목적이 여행 자체에 있
다면 떠난다는 사실만으로도 기쁨을 느끼는 것은 당연한 일이다. 목적
이 있는 여행보다는 목적 없는 여행이 더욱 좋다고 하지 않는가? 그렇
지만 이번의 경우는 전혀 다르다. 왜 그런지 이유는 알 수 없지만 가는
곳이 로마이기에 더욱 흥분이 된다. 유럽 여행을 다녀온 사람들에게
어느 곳이 제일 좋았느냐고 물으면 대부분 파리, 런던, 프라하 같은
도시를 꼽지만 내게는 로마가 매력의 도시이다.

  어떤 사람들에게 로마는 낭만의 도시이다. 오드리 헵번과 그레고리
펙이 열연한 영화 〈로마의 휴일〉을 보면, 로마는 따분한 일상이 반복
되는 삶으로부터 벗어날 수 있는 탈출구가 된다. 영화 주인공들처럼
앙증맞게 생긴 스쿠터를 타고 이국적인 고대의 유물로 가득 찬 로마의
거리를 돌아다니다 스페인 계단에 앉아 이탈리아 아이스크림을 먹으면

트레비 분수에 동전을 던지고 싶은 마음이 들지도 모른다.

또 어떤 사람들에게 로마는 낭만의 장소이기보다는 고대 제국의 도시이다. 이들은 스페인 계단보다는 카피톨 언덕과 팔라틴 언덕 사이의 골짜기에 건설된 로마 광장을 거니는 것을 선호한다. 지금의 폐허 속에서 돌 하나 벽돌 하나를 상상의 힘으로 다시 쌓아 올려 수많은 신전들의 모습을 그려보지만, 대로의 군중과 그들 앞에 전해진 로마군의 승전 소식을 생생하게 떠올리기에는 폐허를 덮고 있는 망각의 지층이 너무나 두껍다. 고고학적 발굴이 이루어지기 전에는 양 떼들이 풀을 뜯어 먹는 곳이었다고 하지 않는가. 물론 로마는 어떤 사람에게는 교황의 도시이다. 로마 제국의 폐허가 풀숲에 가려 있을 때 교황의 바티칸은 유럽의 중심이었다. 로마라는 도시 안의 작은 도시 바티칸이 로마를 상징하는 것도 이 때문이리라.

그러나 지금 로마로 가는 것은 스페인 계단과 콜로세움 때문도, 바티칸 때문도 아니다. 나는 누군가를 만나기 위해 로마로 떠난다. 니체는 1882년 봄 자신이 사랑하게 될지도 모르는 어느 여인을 만나기 위해 로마로 간다. 그녀의 이름은 루 살로메. 니체가 어떤 마음으로 로마 여행을 했는지는 모르지만, 로마라는 도시 이름은 그에게 살로메를 연상시키지 않았을까? 어떤 장소가 기억을 되살리는 촉매 역할을 한다면, 기억은 추상적인 도시와 장소에 생명력을 불어넣는다. 왜 특정한 장소에만 가면 짙은 향의 커피가 생각나고, 커피를 함께 마시던 어떤 사람의 얼굴이 떠오르는 것일까? 때로는 거꾸로일 수도 있다. 쌉싸래한 에스프레소 한 잔을 마시고 물을 들이켤 때 입 안에 감도는 커피의 진한 향을 느낄 때면 왜 자꾸 로마의 좁은 골목이 생각나는 것일까? 살로메를 향한 니체의 마음을 가늠해보면 니체에게 로마는 살로메의 도시였음에

루 살로메

틀림없다는 생각을 지울 수 없다. 꺼져가는 생명이 마지막으로 발산하는 매력의 도시.

　루 안드레아스 살로메Lou Andreas-Salomé, 그녀는 누구인가? 러시아 장군의 딸인 그녀는 아버지가 죽은 후 스위스 취리히에서 공부하기 위해 어머니와 함께 러시아를 떠난다. 그녀는 아름답다. 그녀는 똑똑하다. 그런데 그녀는 폐병을 앓고 있다. 결핵으로 백지장처럼 창백한 얼굴의 살로메는 묘한 지적 매력을 풍겼다. 몇 년밖에 살지 못할 것이라는 의사들의 진단은 그녀로 하여금 더욱 철학, 종교사, 문화사 같은 공부에 열중하게 했다. 나이에 걸맞지 않게 조숙한 지적 열정, 호기심과 삶의 에너지로 살로메는 주위 사람들을 사로잡았다. 니체도 예외는 아니었다. 니체는 살로메가 1881년에 쓴 〈삶의 기도〉에 얼마나 열광했던지, 그녀와의 관계가 끝난 뒤에도 친구 페터 가스트Peter Gast에게 그것을 합창곡으로 만들어줄 것을 부탁한다.

> 한 친구가 다른 친구를 사랑하는 것처럼 확실하게
> 수수께끼 같은 삶, 내가 너를 얼마나 사랑하는지
> ……
> 나를 너의 두 팔로 안아라. 너는 나에게 선사할 행복을 더 이상 갖고 있지 않은가.
> 그러면 좋다. 너는 너 자신의 고통을 여전히 가질 것이다.[1]

병약한 몸으로 삶을 사랑한다는 것은 어떤 느낌일까? 사람들은 흔히 건강한 몸에 건강한 정신이 깃든다고 말하지만, 우리는 무너져 내리는 몸에서 발산되는 예리한 정신을 종종 본다. 이런 점에서 서로 닮아 있는 니체와 살로메의 만남은 예정된 것이었는지도 모른다. 살로메는 1881년 기후 때문에 취리히에서의 공부를 중단하고 의사의 권유에 따라 남국 이탈리아로 떠난다. 로마로. 매력적인 사람은 어디 가서나 사람을 끄는 모양이다. 로마에 있는 말비다 폰 마이젠부르크Malvida von Meysenbug라는 지인의 집에서 살로메는 금방 사교계의 중심이 된다. 파울 레가 제노바에서 니체를 방문한 후 1882년 3월 13일 로마에 도착해 살로메를 사귀게 된 것은 바로 이때였다.

파울 레는 살로메를 보자마자 바로 사랑에 빠진다. 그것이 지적 교류에서 오는 정신적인 사랑이었는지 아니면 첫눈에 반한 에로스였는지는 모르지만, 한 가지 분명한 것은 그가 말과 마음이 통하는 여자를 만났다는 사실이다. 로마의 골목을 돌아다니면서 자신이 집필하고 있는 도덕 철학적 저서의 생각들을 이야기해주면, 사상이 명확하게 서술되기 이

전에 이미 그 사상을 예감할 줄 아는 사람이 바로 살로메라고 파울 레는 그녀를 극찬한다. 말이 통하면 마음이 통한다. 말이 통하지 않는데 마음이 맞는 경우는 본 적이 없다. 마음이 통하려면 어떤 형태로든 의사소통이 이루어져야 한다. 매력적인 여성들은 대부분 소통의 마력을 지닌 여성들이다. 함께한다는 사실만으로도 반복적 일상으로 스러져가는 생명과 열정의 불씨를 불러일으키는 여성은 대부분 감성적 교감의 천재들이다. 우리가 흔히 폄하하는 사교계의 중심에 여성이 있는 까닭이 여기에 있다.

살로메의 마력은 어쩌면 훗날 하이데거의 세미나에 생동감을 불어넣은 한나 아렌트Hannah Arendt의 그것과 비교될 수 있을지 모른다. 자신의 출현으로 주위에 생기를 불어넣는 여성. 살로메의 매력에 도취되어 파울 레는 니체에게 편지를 쓴다. 니체도 반드시 이 여성을 만나봐야 한다고. 파울 레는 미래를 예감했던지, 그렇다고 해서 우정이 영향을 받아서는 안 된다는 단서를 붙인다. 마이젠부크 역시 파울 레의 의견에 동조하며 니체에게 로마를 방문해달라는 초청장을 보낸다. "매우 특이한 아가씨가 내가 보기에는 철학적 사유에서 선생님과 동일한 결과에 이른 것처럼 보입니다……레 씨와 나는 선생님도 이 비범한 존재를 봤으면 좋겠다는 희망을 똑같이 갖고 있습니다."[2]

이때 니체가 품고 있던 사상은 무엇일까? 니체는 로마로 가는 길에서 어떤 생각을 하고 있었을까? 이런저런 생각을 하는 사이 비행기는 이미 로마 피우미치노 국제공항을 향해 내려가고 있었다. 하늘에서는 여전히 석양의 붉은빛이 사라지지 않았는데 저 밑에는 따뜻한 불빛이 서글프게 로마를 수놓고 있다. 저곳이 니체와 살로메가 만난 로마인가.

방으로 들어오는 빛이 없어 오늘도 날씨 복은 없다고 생각하면서 호텔 창문을 열어보니 다른 건물의 잿빛 벽이 얼굴을 들이댄다. 바깥에서는 성벽처럼 보이지만 집 안으로 들어서면 건물로 둘러싸인 'ㅁ'자 파티오 정원이 있는 모습을 기대했는데 여간 실망이 아니다. 어제 저녁 피우미치노 공항에서 셔틀 기차를 타고 로마 중앙역 테르미니로 올 때는 밤중이어서 로마의 정취를 느낄 수 없었기에 아침에 창문을 열 때 아름다운 로마식 정원에 대한 기대가 더 컸는지도 모른다. 그렇지만 건물 틈 사이로 보이는 파란 하늘이 실망을 금방 새로운 희망으로 바꿔놓는다. 파란 하늘을 배경으로 빛나는 로마의 거리는 얼마나 아름다울까? 그림엽서와 현실의 도시 사이에는 상당한 거리가 있다는 것을 익히 알면서도 문을 열고 거리로 나설 때마다 새로운 기대를 갖는 것이 어쩌면 여행의 진정한 묘미일 것이다.

로마의 거리는 우리를 결코 실망시키지 않는다. 건물 벽에 덕지덕지 끼어 있는 역사의 때와 조화를 이루듯 적당히 더러운 거리들은 이곳의 삶을 현장감 있게 만들어준다. 깨끗하게 정돈된 로마는 그야말로 형용 모순일 것이다. 첫 손님을 맞기 위해 분주한 상점들이 늘비한 좁은 골목을 거쳐 테르미니로 향했다. 그곳에서 바티칸으로 가는 지하철을 탈 요량이었다. 무솔리니가 파시즘의 수도에 걸맞은 웅장한 역을 원해 지어졌다는 이 중앙역은 세월의 풍화를 겪어서인지 그런대로 주위와 어울리는 듯했다. 19세기에는 바티칸이 유럽 철도망에 연결되는 것을 교황이 원하지 않았기 때문에 로마의 빌라로부터 멀리 떨어진 외곽 지역에 역이 건설되었다고 한다. 역이 로마 디오클레티아누스 공중목

베드로 성당

욕탕, 즉 테르메 근처에 지어져서 로마 테르미니 중앙역Stazione Cetnrale Roma Termini으로 불렸단다. '테르미니'가 역을 의미하는 보통 명사 '터미널'의 이탈리아어인 줄 알았는데.

　테르미니에서 지하철 A를 타고 바티칸이 있는 오타비아노 역까지 가는 데는 30분 정도 걸렸다. 역에서 내려 바티칸 궁이 있는 언덕을 바라보니 로마의 상징인 베드로 성당의 둥근 지붕이 눈에 들어왔다. 부드러운 남국의 짙은 소나무 위로 다소곳이 앉아 있는 둥근 지붕의 모습은 우아했다. 멀리서 바라보는 베드로 성당은 웅장하기보다는 단아하고, 화려하기보다는 고상해 보인다.

　고딕의 첨탑이라면 저렇게 우아하지는 않겠지. 정의보다는 사랑으로 세상을 교화하려는 기독교의 포용 정신을 표현하기 위해 지붕을 둥글게 했을까? 저렇게 큰 원형 지붕을 어떻게 기둥도 없이 세웠을까? 쿠폴라cupola로 불리는 원형 지붕은 언뜻 이 세상과 저 세상을 연결해주는 문처럼 보인다. 그래서 '쿠폴라'라는 낱말이 주어와 술어를 연결하는 독일어 '코풀라kopula'를 연상시켰던 것일까? 저 둥근 지붕은 무엇과 연결되어 있을까? 아무튼 베드로 성당의 쿠폴라는 이스탄불의 하기아 소피아Hagia Sophia, 피렌체의 두오모Duomo와 함께 세계에서 가장 아름다운 둥근 지붕 중의 하나임에는 틀림없는 것 같다.

생각은 거리를 단축시킨다. 어느새 높은 성벽이 눈앞을 가로막는다. 그리고 그 성벽에 난 문에는 '바티칸 박물관Musei Vaticani'이라고 씌어 있다. 문 위에는 바티칸을 상징하는 문장을 중앙에 두고 그 양옆에 미켈란젤로와 라파엘로의 조각상이 서 있다. 누가 미켈란젤로이고 누가 라파엘로인가? 오른쪽에는 단발머리의 아름다운 청년이 당돌한 모습으로 하늘을 쳐다보고 있고, 왼쪽에는 덥수룩한 수염에 주름진 얼굴의 노인이 부러운 듯 청년을 바라보고 있다. 라파엘로가 아름다운 외모로 뭇 여성을 울리다 요절한 반면 얼굴 콤플렉스가 있었던 미켈란젤로는 장수했다고 하니 수수께끼는 쉽게 풀렸다.

얼굴. 미켈란젤로의 얼굴과 니체의 얼굴. 얼굴은 사람의 얼, 즉 영혼이 드러나는 창이다. 우리는 항상 자신의 모습으로 세계의 모습을 담는다. 자신의 모습을 본다는 것은 세계를 본다는 것이다. 자기반성 없이 세계 인식은 불가능하다. 자신의 모습이 싫어서 끊임없이 감추고자 하는 사람들이 있다. 니체도 자신의 얼굴을 가리기 위해서 수염을 길렀다고 하니 그는 바티칸에 와서 미켈란젤로에게 동질감을 느꼈을까? 유럽은 로마로 통하고, 로마는 바티칸으로 표현되고, 바티칸은 베드로 성당으로 상징되고, 베드로 성당은 미켈란젤로의 작품인 둥근 지붕과 시스티나 예배당의 천장화로 대변된다면, 로마는 분명 미켈란젤로의 도시이다. 자기 자신과 불편한 관계에 있는 사람의 도시. 로마 자체가 자기 자신과 불편한 관계에 있는 도시라는 생각이 불현듯 스쳐 지나간다. 볼 것이 너무 많으면 볼 것이 없다고 했던가? 의자에 머리를 기대고 고개가 뻐근해질 정도로 바라본 시스티나 예배당의 천장화, 라파엘로가 그린 아테네 학당의 역동적인 벽화, 그리고 라오콘 조각상은 여전히 예전과 같은 짙은 감동을 주었지만, 이번에는 니체를 따라 와서 그런지 자기와의 불화를 겪은 사람들의 작품만 유독 눈에 들어왔다.

미켈란젤로는 노년에 시스티나 예배당에 그린 〈최후의 심판〉 벽화에서 어느 성인이 들고 있는 얼굴 가죽에 자신의 일그러진 모습을 그려 넣을 정도로 자신의 모습과 불화했다. 평생 동안 자신의 삶과 싸웠던 또 한 사람인 미켈란젤로의 작품을 보는 것만으로도 바티칸 박물관을 방문할 가치가 있는 것 같다. 카라바조는 역시 미켈란젤로라는 이름을 갖고 있는, 그러나 미켈란젤로가 너무 유명해서 자신은 출신지 명으로 불리는 천재 화가다. 예수를 십자가에서 끌어내리는 장면을 검은 바탕 위에 역동적으로 묘사한 카라바조의 작품에는 미켈란젤로의 얼굴이 다시 한 번 등장한다. 땅바닥과 평행으로 화폭의 중앙을 가로지르는 예수의 시신보다는 예수의 두 다리를 힘겹게 잡고 꾸부정하게 서 있는 노인의 고통스러워하는 얼굴이 우리의 시선을 사로잡는다. 그가 바로 카라바조가 존경했던 미켈란젤로의 모습이다. 어떻게 했으면 좋겠느냐는 듯이 관람자를 쳐다보는 절망적인 그의 시선은 자신과의 불화를 말해준다.

미켈란젤로, 카라바조, 그리고 니체. 카라바조는 자화상을 많이 그렸을 뿐만 아니라 등장하는 인물들에서 그의 모습이 읽힐 정도로 자신에게 집착했다. 니체는 어떠했을까? 극단적이고 단호한 그의 사상에서 느

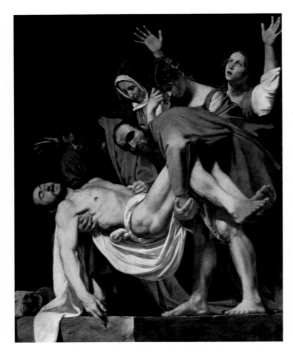

바티칸 박물관에 있는 카라바조의 작품. 예수의 다리를 잡고 있는 이가 미켈란젤로라고 한다.

껴지는 것과 달리 니체는 자신에 대해 자신이 없었던 것처럼 보인다. 자신에 대해 자신이 없는 사람이 아름다운 여인을 만날 때 어떤 일이 일어나겠는가? 평생을 혼자 살았던 미켈란젤로처럼 니체 역시 여인과는 불편한 관계에 있었다. 어렸을 때부터 아버지 없이 어머니와 누이동생에게 의지하여 살았기 때문일까? 니체는 여성을 필요로 하면서도 정작 자신이 원하는 여성을 만났을 때는 여성을 여성으로 대할 줄 몰랐다. 살로메를 만나보기도 전에 벌써 그녀와의 결혼을 생각한다는 것이 가당키나 한가.

니체는 초청장을 받고 바로 로마로 떠나지 않고 메시나에 잠시 머문다. 마치 살로메와의 만남이 그다지 중요하지 않은 것처럼 행동하지만,

마음속에는 이미 살로메와 결혼할 수도 있다는 희망을 품고 있었다. 1882년 3월 27일 니체는 오버베크에게 이렇게 편지를 쓴다.

나의 곁에 있어줄 젊은 사람을 필요로 합니다. 지성적이고 충분히 교양이 있어서 나와 함께 작업을 할 수 있는 젊은 사람이 필요합니다. 이런 목적으로 2년 동안의 결혼도 할 수 있을 것 같아요. 물론 이 경우에는 다른 몇 가지 조건들이 고려되어야 하겠지요.[3]

니체가 이 젊은 여성으로 살로메를 염두에 두고 있음은 두말할 나위도 없다. 3월 21일 니체는 파울 레에게 보낸 편지에서 이런 희망을 다시한번 피력한다.

이런 일이 의미 있다면, 그 러시아 여인에게 안부를 전해주세요. 나는 그런 종류의 영혼을 열망합니다. 그래요, 나는 결국 그런 영혼을 납치하러 나서겠지요. 내가 향후 10년 동안 할 것을 고려하면 나는 그녀가 필요해요. 결혼은 전혀 다른 문제입니다. 기껏해야 2년간의 결혼을 생각해볼 수 있겠지요.[4]

말이 통하는 영혼의 동반자가 필요했던 것인지 아니면 단순히 일을 도와줄 사람이 필요했던 것인지는 알 수 없지만, 살로메를 향한 니체의 마음은 대단했던 것처럼 보인다. 니체가 곧바로 로마로 오지 않고 메시나로 갔다는 사실에 살로메가 놀람과 슬픔을 감추지 못한 것을 보면 살로메 역시 니체를 만나고 싶은 마음이 간절했던 것 같다. 두 사람의 만남은 이렇게 극적으로 연출되었다.

만남의 장소가 베드로 성당이었다는 사실도 극적으로 보인다. 늦은 저녁, 아직 남아 있는 석양에 비둘기 빛으로 물든 텅 빈 베드로 광장만큼 열정과 호기심을 부각시킬 수 있는 무대도 흔치 않을 것이다. 성당이라기보다는 궁전처럼 화려한 베드로 성당 안에서 만나지는 않았겠지. 성당의 둥근 지붕은 바깥에서 보는 것보다 안에서 보는 것이 훨씬 더 웅장하다. 쿠폴라의 건축학적 기술과 아름다움에 조용히 감탄하기에는 그 바로 밑 제단을 장식하고 있는 천개天蓋의 화려함이 눈에 거슬린다. 나선형 모양의 기둥 위에 얹혀 있는, 식물 문양과 천사의 조각상으로 장식된 덮개, 그 천개가 베드로 광장 한복판에 서 있는 오벨리스크보다 더 높다고 하니 베드로 성당의 규모를 가히 짐작할 수 있을 것이다. 이렇게 화려한 곳에서 아름다운 여성과 만나는 것은 그녀에 대한 모독이다. 성당의 문을 나서니 사각형 모양의 광장에 이어서 4열의 주랑柱廊으로 둘러싸인 타원형의 베드로 광장이 펼쳐진다. 베드로 성당 제단의 천개 장식을 건축한 베르니니보다는 광장의 주랑을 설계한 베르니니가 좋다. 웅장하기는 하지만 그 안에 있는 모든 사람과 사물을 위축시키지 않는 공간 배치가 인상적이다. 그래, 니체가 살로메를 만났다면 바로 저곳에서 만났을 거야.

　1882년 4월 말 니체는 베드로 성당에서 살로메를 만났다. 그 당시엔 지금처럼 관광객이 붐비지 않았을 터이니 광장은 더욱 호젓한 분위기를 자아냈을 것이다. 태양이 머리 위에 떠 있는 정오보다는 지금처럼 땅거미가 지는 어스름이었을 것만 같다. 그들은 어디에서 만났을까? 로마에서 유일하게 상형 문자 없는 오벨리스크가 서 있는 광장 한복판이었을까? 아니면, 동일한 것의 영원한 회귀를 말해주듯 끊임없이 떨어져 내리는 오른편의 분수 앞이었을까? 수많은 사람들이 수많은 이야기를 가지고 이 광장에서 만났다가 헤어진 것처럼, 니체는 자신의 이야기를 가지고 이곳 베드로 광장에서 살로메를 만났다.

어느 별에서 우연히 떨어져 우리는 이곳에서 만났을까?[5]

니체에게 살로메는 이렇게 우연히 갑작스럽게 찾아왔다. 만난 지 며칠도 안 돼서 니체는 살로메에게 청혼한다. 니체가 자신과 똑같은 생각을 품고 있는 친구 레를 중매로 세웠기 때문에 이야기는 더욱 흥미진진하게 전개된다. 삼각관계. 한 여자를 놓고 두 남자가 싸우는 꼴이 된 것이다. 여자가 두 남자를 동시에 사랑한다면 이것은 하나의 드라마가 되겠지만, 살로메가 니체에게 사랑을 느낀 것 같지는 않다. 살로메는 경제적 이유를 내세워 니체의 청혼을 거절한다.

거절이 반드시 반감과 거부감의 표현인 것은 아니다. 살로메가 갑작스러운 청혼에 거부감을 느낀 것인지 아니면 일종의 밀고 당기는 사랑의 전략을 구사한 것인지는 모르지만, 그녀는 니체의 지적인 분위기에 매력을 느낀다. 살로메는 셋이서 공동의 집을 구하여 일종의 지성의 공동체를 구성하자는 계획을 열정적으로 제안한다. 빈이어도 좋고 파리여도 좋으며, 당시의 사회적 관습에 따라 품위를 유지하기 위해서 살로메나 레의 엄마 또는 니체의 누이동생이 함께 있어도 좋다는 것이다. 이 계획은 청혼을 거절당한 니체의 마음에도 들었다. 말과 마음이 통하는 사람들과 함께 지내면서 자신이 품고 있는 초인 사상과 영원회귀 사상을 표현할 수 있다면, 그보다 더 좋을 수는 없을 것이다. 물론 이 모임의 성격은 처음부터 살로메의 취향에 의해 결정되었다.

루 살로메

책과 꽃들로 가득 찬 쾌적한 작업실, 그리고 양쪽에 딸린 두 개의 침실
을 왔다 갔다 하면서 명랑하지만 진지한 동아리로 뭉친 작업 동료들.[6]

자신이 꿈꾼 것은 바로 이런 작업 공동체였다고 살로메는 훗날
회상한다. 지성은 감성을 자극하고, 감성은 지성을 긴장시킨다. 지성적
작업을 하는 사람치고 이런 지적 분위기를 꿈꾸지 않는 사람이 과연
있을까? 이런 희망과 기대감 속에 이들 세 별의 만남은 이루어지고,
삼위일체의 지성 공동체가 만들어진다.

*

　지성과 감성의 만남. 감성적으로 표현될 수 있는 지성적 통찰과 지성에 자유로움을 불어넣을 수 있는 감성의 자극은 철학적 사유의 전제 조건이다. 니체와 살로메는 이곳 로마에서 만나 무슨 이야기를 나누었을까? 일상적 대화에 소질이 없는 니체가 그녀의 관심을 끌기 위해 철학 이외의 다른 이야기를 했으리라고는 상상도 할 수 없다. 사실, 니체와 살로메를 연결하는 것은 오직 그가 품고 있는 사상이었다. 니체에게 살로메는 처음에는 결혼 상대였지만, 청혼을 거절당한 순간부터는 이미 그가 자기 사상을 마음 놓고 토로하고 전달할 수 있는 지성의 동반자였다. 니체는 훗날 마이젠부르크에게 보낸 편지에서 살로메와의 관계를 "견고한 우정 관계"로 규정한다. 니체는 진정 "영웅적인 사고방식"[7]을 가진 여성 살로메가 "자신의 제자가 되었으면 좋겠다"는 희망을 표명한다. 자신의 삶이 오래가지 않는다면, 살로메가 자기 사상의 상속자와 계승자가 되었으면 좋겠다는 것이다.

　니체는 이런 생각을 살로메에게도 숨기지 않는다. 그는 자신이 살로메를 단순한 비서 정도로 생각하지 않고 있다는 것을 분명히 밝힌다. 그리고 살로메가 자신에게 지성의 친구라는 점을 거듭 강조한다.

　나는 이제까지 당신이 나를 위해 책을 읽어주고 글을 써야 한다고 생각해본 적이 없어요. 그렇지만 내가 당신의 스승이 되기를 간절히 바랍니다. 결국 진실을 말하자면, 나는 지금 나의 상속인이 될 수 있는 사람을 찾고 있어요. 나는 나의 책들 속에서는 전혀 읽을 수 없는 몇몇 사상을 지니고 다닙니다. 그리고 나는 이 사상을 위해 가장 아름답고

가장 비옥한 경작지를 찾고 있습니다.[8]

자신이 품고 있는 사상의 씨앗을 뿌려 아름다운 과실을 거둘 수 있는 비옥한 밭, 그것이 니체에게는 살로메였다. 표현이 과도하거나 열정적이지는 않지만, 이 편지에서는 지성적 만남이 에로틱할 수 있음이 분명하게 드러난다. 살로메에 관해 말하다 보면 졸도할 정도로 너무 흥분되기 때문에 그녀에 대해 침묵해야만 한다고 니체가 고백한 것을 보면, 살로메에 대한 니체의 마음이 얼마나 격정적이었는지 짐작할 수 있다.

지성적 우정도 에로틱할 수 있을까? 지성적 사랑이란 것도 있을 수 있을까? 니체와 살로메의 우정은 과연 사랑일까? 이런 물음이 베네치아 광장에서 버스를 타고 산타 마리아 인 코스메딘 성당으로 가는 내내 머리를 떠나지 않았다. 〈로마의 휴일〉로 유명해진 이 성당을 본 다음 테베레 강 건너편에 있는 산 프란체스코 아 리파 성당을 찾아갈 요량이었다. 산 프란체스코 성당은 관광객들이 많이 찾는 곳은 아니지만 베르니니가 절정기에 창작한 조각품이 있는 곳이어서 로마에 올 때부터 꼭 보고 싶었다. 버스에는 정거장을 안내하는 방송도 전광판도 없어 어디서 내려야 할지 전전긍긍하고 있는데 갑자기 아름다운 로마네스크 양식의 종탑이 눈에 들어왔다. 성당 앞에는 일본 관광객처럼 보이는 사람들이 벽을 따라 일렬로 서 있었다.

코스메딘 성당은 로마에 오면 꼭 들러야 하는 곳 중의 하나이다. 본래부터 '꼭', '반드시' 같은 절대적 수식어는 의심을 하는 습성이 있었지만, 코스메딘 성당은 아름다웠다. 사람들이 서 있는 줄을 피해 성당으로 먼저 들어갔다. 성당 안의 모습은 성당 이름과는 달리 차갑게까지 느껴질 정도로 절제돼 있었다. 비잔틴의 성상 파괴 운동 때에 로마로

도망해 온 그리스 수도사들이 건립한 이 성당은 아름다운 장식으로 코스메딘으로 불렸다고 한다. 코스메딘은 장식을 뜻하는 그리스어 코스메마kosmema에 기원을 두고 있다. 건립 당시의 장식은 찾아볼 수 없지만 코스메딘 성당에는 베드로 성당이나 산타 마리아 마조레의 화려함과는 다른 아름다운 기품이 서려 있다.

우리가 절이나 성당에 들어갈 때 느끼는 차가움도 감성이고, 따뜻함도 감성이다. 사람들은 흔히 장식이 없고 화려하지 않은 교회나 성당에서 종교적 영성을 더욱더 잘 느낄 수 있다고 말하지만, 우리가 과연 상징과 형상 없이 진리에 도달할 수 있을까? 인간의 손을 거친 모든 종교적 상징과 성상을 하나님의 절대적 진리를 은폐하고 왜곡한다는 이유로 파괴하고자 했던 비잔틴의 성상 파괴 운동이 남겨준 교훈은 상징은 또 다른 상징을 낳을 뿐이라는 것이다. 감성적 교감 없이는 종교적 영성도 존재하지 않는다.

로마의 성당에 들어갈 때마다 마리아 숭배를 느낄 수 있는데, 이는 예수보다 마리아가 종교적 영성을 훨씬 더 잘 촉발하기 때문일지도 모른다. 아기 예수를 안고 있는 마리아는 종종 진리를 감싸고 있는 몸처럼 보인다. 마리아 숭배를 공식적으로 인정한 431년 에페소스 공회 이래 서양 기독교의 중심에는 항상 마리아가 있었다. 적어도 우리의 감성으로는 그렇다. 기독교의 마리아 숭배가 고대 이집트의 이시스 숭배와 연결되어 있는 것을 보면 영성에 대한 인류의 시각은 공통적인 것 같다. 파라오를 안고 있는 이시스와 예수를 안고 있는 마리아. 절대 권력과 절대 진리는 인간에게 너무 치명적이어서 우리는 이를 베일처럼 감쌀 이시스와 마리아를 필요로 하는가 보다. 이성은 감성을 필요로 한다. 교회를 둘러보고 나오는 길에 입구 왼편에 있는 '진리의 입Bocca della Verita'

칠층 종탑이 돋보이는 코스메딘 성당(왼쪽)과 성당 입구 왼편에 있는 진리의 입(오른쪽)

에 손을 넣어보았다. 거짓말쟁이가 손을 넣으면 문다고 알려진 그 입은 무섭기보다는 슬퍼 보였다.

대부분의 관광객들은 진리의 입에 손을 넣은 뒤 금방 다음 목적지로 향하지만, 길 건너 분수에서 코스메딘 성당의 종탑을 바라보지 않고 떠난다면 반만 보는 것에 불과하다. 붉은 벽돌로 된 칠층의 종탑은 보는 것만으로도 좋았다. 폰테 팔라티노 다리를 건너 좁은 골목길을 한참 들어가니 산 프란체스코 아 리파 성당이 나타났다. 규모도 크지 않고 주위의 건물들과 구별도 되지 않을 뿐만 아니라 관광객도 별로 없어 찾기가 쉽지 않은 곳이었다. 성당 안으로 들어가려니 문이 굳게 잠겨 있었다. 오후 세 시에 문을 연다고 하여 근처의 카페에서 에스프레소 한 잔을 시켜놓고 기다리고 있으니 다른 한 쌍의 부부가 성당 문 앞에서 발을 돌려 우리 쪽으로 오고 있는 것이 보였다.

그 사람들도 베르니니의 조각 작품을 보러 온 모양이었다. 바로크 조각의 거장인 베르니니가 남긴 조각 작품들은 다양하고 막대하지만, 종교적 환희와 황홀을 표현한 작품은 모두 로마에 있다. 하나는 산타 마리아 델라 비토리아 성당의 코르나로 예배당에 있는 〈성 테레사의 환희〉이고, 다른 하나는 산 프란체스코 성당에 있는 〈루도비카 델리 알베르토니의 환희〉이다. 자신의 환상적인 영적 체험들을 문학적으로 표현하여 성자가 된 스페인의 수녀 아빌라의 테레사와 신적인 사랑의 화살을 가슴을 향해 겨누고 있는 천사의 모습을 극적으로 서술한 〈성 테레사의 환희〉가 훨씬 더 알려져 있지만, 이 작품에서 성 테레사의 황홀경은 오히려 천사로 표현된 동적인 드라마로 방해를 받는 것처럼 보였다.

살로메가 정말 니체의 내면적 체험을 공유할 수 있는 여성이었을지는 확실하지 않지만, 살로메의 출현이 니체에게 극적이었던 것은 틀림없다. 니체가 살로메를 만난 것은 그가 질스마리아의 주를레이 암벽에서 얻은 강렬한 영감에 도취되어 있던 때였다. 신이 죽은 사회의 새로운 종교인 '영원회귀 사상'은 모든 영감이 그런 것처럼 이성적이기보다는 직관적인 것이었다. 화살처럼 가슴을 파고든 영적 체험에 어떻게 사상의 베일을 입힐 수 있을까? 니체는 이런 고민을 함께 나눌 수 있는 여성이 바로 살로메라고 처음에는 확신하였던 것처럼 보인다. 지성으로 묶인 우정 관계. 지성은 지적知的이고 성적性的이다. 그래서 나는 지식인이라는 말보다는 지성인이라는 말을 더 좋아한다. 지식인은 인식을 통해 삶의 부분을 통제하려는 사람이지만, 지성인은 자신의 지혜로 삶 전체와 교감할 줄 아는 사람이다. 니체가 "구석을 지키는 사람Eckensteher"이라고 경멸한 지식인에게서는 어떤 카리스마도 느껴지지 않지만, 자신의

산 프란체스코 성당에 있는 〈루도비카 델리 알베르토니의 환희〉

사상을 삶으로 표현하는 지성인에게서는 강렬한 영적 힘이 느껴진다. 그렇기에 지성인과 지성인의 만남은 결코 단순한 소통이 아닐 것이다. 육체적 성교만 오르가슴을 산출하는 것이 아니고 지성적 교감도 환희를 불러일으킨다.

산 프란체스코 아 리파 성당은 소박했다. 제단 옆 산타 안나 예배당에 있는 1674년 작 베르니니의 조각은 금욕적인 성당 분위기 때문인지 더욱 두드러져 보였다.

다색의 대리석을 깎아 만든 주름 잡힌 천을 깔고 침대 위에 누워 있는 루도비카 델리 알베르토니의 모습은 충격적이었다. 어떻게 대리석으로 부드러운 천을 저토록 자연스럽게 사실적으로 표현할 수 있을까? 두터운 매트리스 밑에 깔려 있는 넓은 천의 주름은 실물보다 더 사실적으로 보였다. 그러나 가슴을 조이듯 강렬한 감동을 불러일으킨 것은 두말할 나위 없이 루도비카의 몸과 표정이었다. 내적인 변용의 표현을 극단적으로 몰고 간 바로크 예술의 극치가 눈앞에 펼쳐졌다. 베르니니의 루도비카를 보지 않고는 바로크의 조각을 안다고 할 수 없을 것만 같았다.

그러나 나의 눈과 마음을 잡아당긴 것은 영적 엑스터시와 감성적 오르가슴의 친화 관계였다. 베르니니의 루도비카만큼 영적인 환희의 에로틱한 몸짓을 저토록 아름답게 표현한 예는 없을 것이다. 베개에 기대어 살짝 뒤로 젖힌 루도비카의 얼굴. 지그시 감은 눈은 강렬한 환영을 보는 듯했고, 반쯤 열린 입에서는 신음 소리가 들릴 듯 말듯 새어 나오는 것 같았다. 영적 교감의 오르가슴을 어쩌면 이렇게 완벽하게 표현할 수 있단 말인가. 우리는 영적 환희가 단순한 쾌락일지 아니면 고통일지 모른다. 니체가 말한 것처럼 극단은 극단과 통한다. 지고한 환희는 심오한 고통을 수반한다. 온몸의 숨구멍을 열어놓고 뼈를 마디마디 분해하는 것 같은 전율을 느껴보지 않고 오르가슴을 말할 수 없지 않은가. 음악을 듣거나 그림을 볼 때 숨이 막힐 것 같은 순간적인 충격을 받았다면, 우리는 진정으로 감동을 받은 것이다. 목사의 설교보다 바흐의 마태 수난곡이 훨씬 더 종교적 설득력을 갖는 것은 이 때문이리라.

진정한 쾌락은 고통스러운 쾌락이다. 아니면, 적어도 고통으로 승화된 쾌락이다. 구겨진 옷의 주름 아래 윤곽을 드러낸 무릎과 다리의 모습은 온몸을 관통하는 고통을 말해준다. 그렇지만 고통을 진정시키려는 듯 배를 잡고 있는 왼손은 살포시 젖가슴 위에 얹혀 있는 오른손과 교차되어 영성적 환희의 에로틱한 절정을 표현한다. 이런 내면적 체험을 겪은 사람은 자신의 삶도 영적으로 변화시킬 수 있을 것만 같다. 성인聖人

은 근본적으로 변신의 영적 체험을 겪은 사람들이다. 사람을 변화시키는 것은 지식이 아니라 지성이다. 베르니니의 루도비카는 이렇게 말하는 것처럼 보였다. 우리의 삶을 긍정적으로 변화시킬 수 있는 새로운 종교를 알리는 니체의 차라투스트라를 찾아 나선 여행은 로마에서 이렇게 지성적 교감의 에로틱한 성격을 발견하였다.

7

밀 라 노

사 크 로 몬 테

오 르 타 호 수

신을
잃어버린 사람들의
신이 사는 곳

*

그러니 사람들이여 이제부터는 내가 있는 곳으로 올라오는 것이 좋겠다. 나는 아직도 내가 내려갈 시간이 되었다는 조짐을 기다린다. 언젠가는 그래야 하는 일이지만 아직은 사람들에게 내려가지 않으리라. 그러기 위해 나는 여기 높은 산 위에서 교활하게, 비웃어가며 기다린다. 나는 결코 참을성이 없는 자도 아니고 참을성이 많은 자도 아니다. 나는 오히려 더 이상 참을 까닭이 없어 인내라는 것을 아예 잊어버린 자이다. 말하자면 나의 운명이 내게 기다릴 시간의 여유를 준 것이다. 운명이 나를 잊어버린 것은 아닐까? 아니면 운명은 커다란 바위 뒤 그늘 속에 앉아 파리를 잡고 있는 것일까?[1]

우리에게 전율과 두려움을 안겨주는 높은 산을 바라보면, 신은 산 위에 살고 있다는 생각이 든다. 생명을 무릅쓰고 산을 오르고 또 오르는 산악인들이 항상 이해되는 것은 아니지만, 산의 영기가 느껴질 때면 그럴 수도 있다는 생각이 든다. 왜 사람들은 산에서 깨우침을 얻으려는 것일까? 깨우침을 얻은 차라투스트라와 같은 현자는 왜 산에서 내려와 사람들 사이로 들어가는 것일까?

이런 상념에 젖어 있는데 갑자기 기내 방송이 들렸다. 우리 비행기가 지나고 있는 상공 저 아래의 길을 카랑카랑한 독일 말씨로 설명한다. 지금 막 스위스 알프스를 지나, 우측으로 내려다보면 몽블랑과 마터호른이 보인다는 것이다. 높은 고도에서 내려다본 산맥의 구김살은 하얀 홑청을 막 씌워 펼쳐놓은 이부자리처럼 정겹게 느껴지지만, 두 산은 정상에서 흩날리는 눈보라 때문인지 무서운 정기를 내뿜고 있는 것처럼 보인다. 이제까지 조용했던 사람들이 조금씩 동요한다. 두 산이 시야에 들어옴으로써 우리의 목적지 토리노가 가까워졌음을 알게 된 때문이기도 했지만, 은밀하게 퍼져가는 조용한 움직임의 근원이 두 산임에는 틀림없었다. 왼쪽으로는 몇 개의 호수 너머로 밀라노의 시가지가 잡히고, 비행기가 오른쪽으로 선회하자 알프스 산맥이 병풍처럼 둘러싸인 토리노가 눈에 들어온다.

예전에 질스마리아에 갔을 때 남쪽을 바라보며 알프스 너머에 있는 햇빛의 고향을 그리워했던 일이 어제처럼 생생하게 떠오른다. 유명한 관광지라곤 하지만 그리 많지 않은 사람들이 조용히 산책하는 질스호수를 뒤로하고 말로야파스를 넘으면 이탈리아에서 불어오는 훈풍이 가슴을 파고들겠지! 고산의 신선함! 하얀 눈 위에서 가볍게 춤추는 신성한 햇빛! 니체는 이 길을 네 번이나 넘어 남쪽으로 향했다. 말로야파스 고갯길을 넘어보면 질스마리아가 정말 하늘 아래 펼쳐진 고산 지대임을 실감하게 된다. 질스마리아에서 해발 1,828미터인 말로야파스

마조레 호수. 산과 호수가 맞닿은 곳에 바로크 정원이 아름다운 섬 이졸라 벨라가 보인다.

정상까지는 300여 미터밖에 안 되지만, 재를 넘어 이탈리아의 마을로 가려면 32킬로미터의 길을 걸어 1,482미터의 높이를 내려가야 한다. 니체는 우편 마차를 타고 이탈리아 북부의 조그만 마을 키아벤나로 가서 간선 철도로 코모 호숫가에 있는 콜리코로 이동한 다음 거기서 증기선을 타고 코모로 가곤 했다. 그리고 이곳에서 기후에 따라, 아니면 기분에 따라 기차로 밀라노를 거쳐 제노바나 베네치아 또는 토리노로 향했다. 산과 호수 없이는 니체의 사상을 생각할 수 없는가 보다.

  이탈리아 피에몬테와 롬바르디아는 산과 호수의 고장이다. 알프스의 높은 산들이 에워싼 맑은 호수에는 항상 신성함의 그림자가 드리워져 있다. 구름 한 점 없이 햇살이 작열하는 맑은 날에도 사라져가는 신의 그림자가 느껴진다. 이탈리아에서 제일 큰 가르다 호수, 롬바르디아 지방의 코모 호수와 마조레 호수, 피에몬테 지방의 오르타 호수가 마치 큰 순서대로 정렬된 양 오른쪽에서 왼쪽으로 차례차례 자리 잡고 있다. 이 호수들은 모두 나름의 기품을 지니고 있지만, 내가 보기엔 기품과 아름다움은 크기에 반비례하는 것 같다. 호수가 눈에 들어온 것도 잠시, 비행기는 벌써 토리노 공항에 내리고 있었다.

부온 조르노Buon giorno! 정말 좋은 날이다. 공항에서 예약한 차를 찾아서 아스티 방향의 고속도로를 탄다. 이번에는 알프스 고산에서 내려온 니체의 차라투스트라를 좇아 밀라노, 오르타 호수, 바랄로의 사크로 몬테, 제노바와 토리노를 둘러볼 생각이다. 기차와 버스 여행도 나쁘지 않겠지만, 시간에 구애받지 않고 이탈리아 피에몬테 지방의 정취를 느끼고 싶어 자동차로 직접 찾아다니기로 했다. 렌터카는 피아트의 소형차인데 앙증맞고 귀여운데다 성능도 괜찮았다. 우리가 머물 곳은 아스티에서 북쪽으로 조금 들어간 페낭고란 조그만 마을에 있는 펜션이었다. 밀라노, 제노바, 토리노 모두 두 시간 내의 거리에 있을 뿐만 아니라 이탈리아의 대표적인 와인 산지 한복판이어서 선택한 곳이다.

많은 사람들이 유럽 여행을 할 때 상품화된 일주 여행을 선택하지만, 모든 것을 주마간산 격으로 훑어보는 일주 여행에서는 얻는 것이 별로 없다. 보는 것은 많은데 남는 것은 없다. 본 것도 생각하지 않으면 소화되지 않고 그저 배설될 뿐이다. 유명한 교회를 많이 보다 보면 그 교회가 그 교회 같고, 이름난 장소와 거리도 많이 보면 나중엔 이름을 잊어버린다.

오늘날에는 모든 사람들이 체험은 너무 많이 하면서 깊이 생각하는 일은 너무 적게 한다. 그들은 대식증과 이따금씩 생기는 복통을 동시에 갖고 있고, 이 때문에 아무리 많이 먹어도 항상 야위어간다.[2]

아무것도 체험하지 못했다고 말하는 사람들은 오늘날 바보 취급을 당하지만, 진짜 바보는 돌아만 다니면서 진짜 체험을 하지 못하는 사람들이다.

방랑자는 정작 일주 여행을 하지 않는다. 정주 여행을 한다. 그 지방 사람들과 교류하고, 그 지방의 풍토를 느끼고, 그 지방의 삶에 밴 문화적 정취를 느끼고 나서야 다른 곳으로 옮긴다. 니체가 한 지역에 적어도 몇 주에서 몇 달 동안 머물렀던 것도 이 때문이다. 니체처럼 세 달이나 머물지는 못하지만 적어도 한 주 동안 한곳에 머물면서 그의 차라투스

라모라에서 바라본 바롤로 포도밭 풍경. 피에몬테 지방의 전형적인 경치이다.

포도밭 너머 황혼을 배경으로 드러난 알프스의 실루엣이 아름답다.

트라 사상을 느껴볼 참이다. 이곳은 또 몬페라토에서 아스티를 거쳐 알바와 바롤로로 이어지는 피에몬테 와인의 고장에 속하니 생각이 지칠 땐 와인으로 몸이나 달랠 생각이다. 땀을 흘리면서 다니진 않으련다. 땀이 나지 않을 정도로 천천히 걸으련다.

유람 여행자—그들은 마치 동물처럼 미련하게 땀을 흘리면서 산을 올라간다. 도중에 아름다운 전망들이 있다는 사실을 사람들이 그들에게 말해주는 것을 잊었던 것이다.[3]

이번엔 유람 여행자가 되지 않기로 마음을 단단히 먹는다.

우리의 펜션은 피에몬테 지방의 전형적인 마을 페낭고에서도 조금 떨어진 언덕 위에 자리 잡고 있었다. 아스티에서 이곳으로 오는 동안 포도밭이 끊임없이 펼쳐졌다. 완만한 언덕과 골짜기가 이어지는 구릉지의 풍경이 낯설고 신기하다. 허리를 굽혀 다리 가랑이 사이로 거꾸로 보는 경치가 색다른 것처럼 모든 것이 달리 보인다. 우리의 시골집들은 대개 산기슭에 옹기종기 모여 있는데 이탈리아 마을은 대부분 언덕 위에 형성되어 있다. 눈이 자유로워서인지 가슴이 확 트인다. 우리의 숙소는 펜션이라기보다는 너른 사유지가 딸린 커다란 빌라에 가깝다. 테누타 델 바로네Tenuta del Barone. 이름도 귀족스럽다. 주인아주머니가 알아듣지 못할 이탈리아어와 환한 웃음으로 반갑게 맞아준다. 의사소통이 안 되면 어쩌나 걱정하고 있는데 영어와 독일어를 할 줄 아는 예쁜 딸이 나온다. 물과 간단한 식료품을 어디에서 살 수 있는지, 근처에 볼만한 곳이 어디인지, 요리를 직접 하지 않으면 자기 식당에서 이 지역 향토 요리를 맛볼 수 있다는 것 등등 친절하게 가르쳐준다. 우리 방은 별채의 이층이다. 포도밭 위로 황혼이 천천히 진다. 오늘 밤은 정말 잘 잘 수 있을 것 같다.

*

닭 울음소리에 잠을 깨니 상큼한 바람과 함께 여명이 밝아온다. 창문 밖으로 보이는 경치가 한 폭의 그림이다. 오랜만에 꿈도 꾸지 않고 편안하게 잠잔 것을 보면 자연의 치유력은 정말 대단하다. 멀리 산등성이로 난 길에 오가는 자동차들만 아니면 현대 문명이 이곳을 살짝 비켜 갔다는 착각이 들 정도이다. 한국에 들어가면 나도 이런 조그만 집을 하나 장만하고 싶다. 나의 몸, 나의 삶 그리고 나의 생각과 궁합이 잘 맞는 시골 언덕배기에서 조용하게 살 수 있으면 얼마나 좋을까. 지금 살고 있는 도시 한복판의 집은 여름에도 시끄러워 창을 열지 못한다. 생각만 해도 소름이 끼친다. 아무래도 거꾸로 사는 것이 해결책인 것 같다. 물 좋고 공기 좋은 곳에서 대부분의 시간을 보내다 도시에는 가끔 문화 소풍이나 나오는 것이 좋지 않을까?

오늘은 많이 생각하지 않고 많이 걸을 생각이다.

좋은 생각들이 너무 빨리 연속해서 떠오른다면, 그것은 좋은 생각에 단점이 된다. 생각들이 서로 전망을 가려버리기 때문이다. 그래서 가장 위대한 예술가와 저술가들은 평범한 것을 많이 사용했다.[4]

생각이 많으면 제대로 보지 못하는 법이다. 오늘은 밀라노를 거쳐 사크로 몬테와 오르타 호수까지 갈 생각이다. 1882년 4월 말 루 살로메는 어머니와 함께 밀라노로 먼저 떠난다. 본래는 니체와 파울 레가 함께 북부 이탈리아의 호수로 가 머물 곳을 찾아볼 계획이었는데 니체가 다시 발작을 일으켜 남자들은 로마에 남아 있었다. 이때만 해도 니체는 살로메에 대한 사랑의 감정으로 들떠 있어서 그의 눈엔 모든 것이 다르게 보였을 것이다. 얼마 후 두 남자는 살로메와 그녀의 어머니를 밀라노에서 다시 만나 함께 오르타 호수로 낭만적인 그러나 결코 간단하지 않은 여행을 떠난다.

킬라노로 가려면 몬칼보에서 457번 국도를 타고 가다가 카살레몬페라토에서 26번 고속도로를 타야 한다. 평상시 같으면 속도를 즐겼을 텐데, 포도밭과 포도밭 사이의 높은 언덕 위에 들어선 조그만 마을들과 그곳에 세워진 붉은색 성벽과 교회 종탑이 자연스럽게 차의 속도를 늦춰 준다. 한참을 달리다 보면 이탈리아의 유명한 쌀 산지인 베르첼리가 나타난다. 물이 가득 담긴 논은 유럽과는 어울리지 않을 것 같은데 알프스를 등지고 논들이 펼쳐져 있는 평원이 색다른 모습으로 다가온다. 높은 알프스 산에서 흘러내리는 물이 북부 이탈리아의 아름다운 호수로 한번 멈춘 다음에 이곳 포 평원에서 넓은 들로 탈바꿈하는 것이다. 그러고 보니 리소토Ristto가 이곳의 대표적인 음식인 이유를 알 수 있을 것 같다.

이탈리아의 실질적인 수도로 불리는 밀라노는 번잡하고 화려했다. 유럽의 도시들은 아무리 호화로워도 중세 도시의 소박함을 간직하고 있는데, 밀라노는 패션의 도시라는 이름에 걸맞게 아름답지만 마치 성형 미인처럼 깊이가 없어 보인다. 너무 풍요로워 고민할 것이 없어서일까. 물질적 부가 있으면, 정신적 깊이가 없다. 순간적 쾌락과 유행과 여론을 쫓아다니는 현대인들을 증오했던 니체가 이곳에서 어떤 느낌을

밀라노의 두오모 대성당

가졌을까? 그들은 어쩔 수 없이 밀라노의 상징인 두오모 대성당 앞에서
만났을 것이다. 신과 마리아를 찬미하기 위해 세워진 두오모 성당의 흰
대리석 전면은 14세기에 착공되어 20세기에 비로소 완성되었다고
한다. 대성당 앞의 두오모 광장은 밀라노 사람들의 만남의 장소이니
그들이 이곳을 지나쳤을 리 없다.

　대리석이 너무 찬란하게 빛난다. 너무. 화려한 장식을 한 웅장한 규모
의 교회와 성당을 보면 왠지 그 안에 신이 살지 않을 것 같은 생각이
든다.

　　당신들은 지상에서 모든 이상을 수립하는 데 얼마나 비싼 대가를 치렀

는지 스스로에게 충분히 물어본 적이 있는가? 그 때문에 항상 얼마나 많은 현실이 비방되고 오해되었으며, 얼마나 많은 거짓이 신성화되었으며, 얼마나 많은 양심이 혼란에 빠지게 되었으며, 얼마나 많은 신이 그때마다 희생되어야만 했던가? 하나의 성전이 세워질 수 있기 위해서는 하나의 성전이 부서져야만 한다.[5]

니체가 새로운 미래의 철학을 수립하고 차라투스트라의 초인과 영원회귀 사상을 가르칠 수 있는 성전을 세우려면, 얼마나 많은 전통과 관습의 성전들이 파괴되어야 하는 것일까. 크기 경쟁에 여념이 없는 한국 교회의 모습과 밤에 네온사인으로 빛나는 십자가가 하얀 대리석 위로 오버랩 되어 씁쓸하다.

나의 생각이 틀렸기를 바라면서 성당 안으로 발길을 옮긴다. 안과 밖은 다를 수도 있으니까. 안으로 들어가기 위해 왼쪽으로 방향을 트는 순간 성당 정문에 새겨진 부조가 눈길을 붙잡는다. 사람들이 기도하며 만져서인지 몇 부분의 색이 달라져 있다. 십자가를 지고 가는 자의 고난이 배어 나오는 예수의 슬픈 모습이 채찍질을 하는 병사의 험악한 얼굴 표정과 대조를 이룬다. 그렇지만 나의 눈을 사로잡은 것은 두 사람의 다리였다. 예수의 무릎과 병사의 근육질 종아리가 반들반들 빛났다. 인류의 죄와 고통을 대신 짊어진 인간적인 신의 연약한 무릎과 남에게 고통을 주는 데 쾌락을 느끼는 것 같은 병사의 튼튼한 종아리. 왜 사람들은 두 사람의 다리를 만지며 기도를 한 것일까? 어떤 기도였을까?

사람은 다리가 튼튼해야 올곧은 자세를 유지할 수 있다. 다리가 튼튼하자면 많이 걸어야 하는데, 현대인들은 걷는 것을 죽기보다 싫어한다. 엎어지면 코 닿을 데도 차를 타고 간다. 밀라노도 차가 많은 도시이다.

밀라노가 번잡하게 느껴진 것도 아마 다른 도시들보다 많은 차 때문이었던 것 같다. 두오모 성당의 안은 바깥과는 사뭇 달랐다. 성당 안 곳곳에 있는 구석진 예배당의 조각품도 정교하지만 은은한 빛으로 신성한 기운이 감돌게 하는, 마리아 성화 앞의 촛불들이 종교의 힘을 느끼게 해 준다. 1386년 비스콘티 공작이 짓기 시작하여 1572년 축성된 성당, 16세기 초까지만 해도 세계 최대였던 성당, 나폴레옹의 대관식을 거행한 성당, 이탈리아에서 가장 큰 고딕 양식의 성당, 대리석상 3,400여 개가 있는 성당. 볼 것도 많고, 이야깃거리도 많은 두오모 성당의 안은 어쩐지 중세보다는 현대와 더 많이 닮았다는 생각을 하며 광장으로 나선다.

두오모 성당이 고전적 성전이라면, 광장 바로 옆에 있는 비토리오 에마누엘레 2세 갈레리아는 현대적 성전이다. 1859년 마침내 밀라노에서 오스트리아인들을 몰아낸 뒤 밀라노 시 정부는 현대적 상징물을 세우고 싶어 했다. 현대화는 곧 힘이었기에 힘을 상징하는 현대적 건축물이 무조건 필요했다. 현대적이란 무엇을 의미하는가? 현대성은 흙을 피하고 대지를 떠나는 것을 의미한다. 철과 유리로 된 이 갈레리아 건물은 1867년 준공되었으니 니체와 루 살로메가 밀라노를 방문했을 때 대단한 볼거리였음에 틀림없다.

이 건물은 높이가 47미터나 되는 유리 천장으로 덮인 긴 통로, 즉 '파사주passage'로 바로 현대의 상징이다. 여기에 수많은 소위 '명품' 매장들이 들어서 있기 때문이다. 어떤 철학자가 파사주라는 프랑스어 단어로 언어놀이를 한 것이 생각난다. '라 파사주 네 파 사주La passage n'est pas sage.' 번역하면 '파사주는 현명하지 않다'는 뜻이다. 현대성을 상징하는 쇼핑몰 파사주가 왜 현명하지 않은 것일까? 그것은 세상을 자꾸 안으로 가두려 하기 때문일 것이다. 유리로 덮인 이 거대한 상점가에서는 우리가

밀라노 두오모 성당 정문의 조각

종아리의 근육만으로 수난자와 박해
자가 구별된다

이탈리아 현대화의 상징, 비토리오 에마누엘레 2세 갈레리아. 건축가 주세페 멩고니Giuseppe Mengoni의 작품으로, 1867년 문을 열었다.

살아가는 데 필요한 모든 것이 원스톱으로 처리된다고 한다. 모든 것을 단숨에 해결하려는 현대인의 조급증이 적나라하게 드러나는 곳이 바로 파사주이다.

　　자본의 세계 내부 공간은 그리스의 아고라도 아니고 노천의 시장도 아니다. 그것은 예전엔 바깥에 있던 모든 것을 안으로 빨아들인 속성 재배실이다. 이 수평적인 바빌론에서 인간 존재는 구매력의 문제로 전락하고, 자유의 의미는 시장을 위한 상품들 중에서 하나를 선택하거나 스스로 그런 상품을 생산하는 능력으로 드러난다.[6]

도스토옙스키가 서양 문명의 상징이라고 생각했던 런던의 '크리스털 팰리스'는 니체의 영향을 받은 포스트모더니즘 철학자 슬로터다이크Peter Sloterdijk에 의해 이처럼 "자본의 세계 내부 공간"으로 폭로된다. 현대인은 바깥의 대지를 버리고 점점 더 세계의 내장 속으로 숨어 들어간다.

현대의 성전인 쇼핑몰에는 어떤 신이 살고 있을까? 이런 생각을 하며 스칼라 극장 앞 광장의 벤치에 앉아 앞을 바라보고 있는데, 전차가 갑자기 멈춰 서더니 세 명의 건장한 남자들이 내린다. '밀라노의 전차는 아무 데서나 서는가 보네. 참 편리하군.' 그런데 그들이 이런 한가한 생각을 하고 있는 내 쪽으로 다가오는 것이 아닌가. 그들은 경찰 신분증을 꺼내 보이더니 내 곁에 앉아 있는 어떤 남자에게 험상궂은 표정으로 뭐라고 얘기한다. 나보고는 '주의하세요!'라는 표정으로 손가락으로 자신들의 두 눈을 가리킨다. 상황으로 짐작해보니 내 곁에 앉아 있던 남자는 소매치기였던 것 같다. 내가 앉을 때는 분명 나 혼자였는데. 어느

산타 마리아 델레 그라치에 성당. 두오모 광장에서 걸어오다 보면 반원형의 성당 외벽이 제일 먼저 눈에 들어온다.

틈엔가 그가 다가와 앉는 것도 눈치 못 채고 있던 내가 마치 커다란 범죄를 저지른 것 같은 기분이 든다. 내가 무엇을 잘못했나? 주위를 살피지 못했나? 다가오는 사람들을 멀리해야 하는 것이 현대 사회인가? 이상한 기분에 사로잡혀 혼란스러워하는 나를 스칼라 광장에 서 있는 다빈치 상이 내려다보고 있다.

근처에 있는 스포르자 성을 걸으면서 마음을 달래보지만, 스칼라 광장에서 이상한 일을 당한 뒤부터 의문 하나가 머리를 떠나지 않는다. 사람이 사람을 피하는 현대 사회에서도 신은 의미가 있는 것일까? 아, 우리는 신 없이도 살 수 있는 것일까? 이곳을 빨리 벗어나고 싶다. 니체와 살로메의 생각도 다르지 않았을 것 같다. 그러나 발길은 자연스럽게 길을 따라 다빈치의 〈최후의 만찬〉이 그려져 있는 산타 마리아 델레 그라치에 성당으로 향한다. 롬바르디아 주지사가 언젠가 이야기한 것처럼 나에겐 밀라노는 〈최후의 만찬〉이고, 〈최후의 만찬〉은 밀라노이다. 붉은 벽돌과 흰 벽이 조화를 이룬 성당의 반원형 건물은 멀리서도 평온한 느낌을 준다.

〈최후의 만찬〉이 그려져 있는 성당의 식당 건물은 벽화의 보존을 위해 박물관으로 운영되고 있었다. 벽화를 보려면 몇 개월 전에 예약해야 한다는데 이를 몰랐으니 작품을 직접 보려면 다시 한번 와야 하나 보다. 〈최후의 만찬〉은 회화적 구성도 탁월하지만, 그림이 우리에게 들려주는 내러티브가 전례 없이 독특하다. 수도원 식당의 공간을 자연스럽게 넓혀놓은 것 같은 입체적 관점은 예수 뒤의 창문 밖으로 펼쳐진 풍경에 자연스러운 생동감을 부여한다. 그림의 한가운데에 자신의 운명을 예견한 듯 예수가 슬픈 표정으로 앉아 있다. 그렇지만 그림에 충격의 움직임을 불어넣는 것은 세 그룹으로 나뉘어 열띤 토론을 하고 있는 사도들

레오나르도 다빈치의 〈최후의 만찬〉. 20년 넘게 계속된 복원 작업이 1999년에 끝나 직접 감상할 수 있게 되었다.

의 손짓이다. "너희 중 한 명이 나를 배신할 것이다." 방금 예수의 이 말이 던져졌음에 틀림없다. 예수는 니체가 말하는 심리학적 인물의 전형인가? 말 한마디로 드러난 사람들의 정서와 내면의 상태를 이처럼 심리학적으로 예리하게 그려낼 수 있는 화가는 다빈치밖에 없을 것 같다.

그림에서는 이미 죽음의 그림자가 느껴진다. 신의 죽음.

복음의 운명은 죽음과 함께 결정되었다. 그것은 십자가에 매달렸다. 바로 그 죽음, 그 예기치 않았던 치욕적인 죽음, 바로 그 십자가, 대개는 남을 해치고 속이는 천민에게만 사용되었던 십자가. 바로 이 가장 끔찍한 역설이 사도들을 진정한 수수께끼에 맞닥뜨리게 했다. "그 사람은 누구였던가? 저 사건은 무엇이었던가?"[7]

우리는 이 죽음을 어떻게 이해해야 하는가? 우리 인간은 모두 죽을 수밖에 없는 운명이지만 진정으로 죽을 줄 아는 사람이 몇이나 되겠는가. 진정으로 죽을 수 있는 인간은 어쩌면 이미 신의 경지에 이른 것인지도 모른다.

우리는 죽음을 이해하기보다는 오해하고, 용서하기보다는 복수하려한다.

그 작은 집단은 이런 요점을 이해하지 못했다. 그런 방식의 죽음이 보여준 모범, 즉 모든 원한 감정을 넘어서 있는 자유와 능가라는 모범을. 이 점이 그들이 얼마만큼 그를 이해하지 못했는지를 알려주는 표시인 것이다! 예수 자신은 자기의 죽음을 통해 가장 혹독한 시험을 공개적으로

치르면서 자기의 가르침을 입증하는 것 외에는 아무것도 바라지 않았다.[8]

그의 가르침은 이론이 아니라 실천이었다. 그는 신앙이 아니라 행동을 가르쳤다. 이 행동은 실제로 많은 것을 행하지 않는 실천이었고, 다른 방식으로의 존재였다. 그렇기에 니체는 예수를 가리켜 유일무이한 기독교인이라고 말한다.

"그리스도교"라는 말 자체가 벌써 오해이다. 근본적으로는 오직 한 사람의 그리스도교인이 존재했었는데, 그는 십자가에서 죽었다.[9]

최후의 만찬은 신의 죽음의 만찬이다. 〈최후의 만찬〉을 그린 다빈치의 자화상에서 차라투스트라의 모습이 보이는 것은 이 때문인지도 모른다.

산타 마리아 델레 그라치에 성당은 다빈치의 그림처럼 차분하고 경건하다. 이런 곳에서는 기독교인이 아니라도 기도와 묵상을 할 수 있을 것 같다. 두오모 성당만 봤더라면 밀라노에 관한 편견만 깊어졌을 터인데, 이 도시의 다른 모습을 보여준 그라치에 성당에 감사한다. 여기에선 인간적 경건함이 느껴진다. 내가 좋아하는 카라바조와 티치아노의 성화들이 걸려 있어 성당은 작은 미술관을 방불케 한다. 차분히 앉아 힘들었던 두 다리에게 사랑을 베풀어야겠다. 오늘도 내가 소화할 수 있는 것보다 더 많이 걸었는가 보다. 서로의 매력에 끌린 니체와 살로메도 이렇게 많이 걷지는 않았을 터인데. 사크로 몬테 언덕과 오르타 호수의 흙 길은 밀라노의 포장도로와는 다를지도 모른다는 희망에 발이 이미 조금 가벼워지는 듯하다.

산타 마리아 델레 그라치에 성당의 내부 모습

　　1882년 5월 5일, 알프스의 눈이 녹아 호수로 찾아오던 어느 날 니체는 루 살로메와 단둘이 오르타를 떠나 바랄로에 있는 사크로 몬테Sacro Monte('신성한 산')로 소풍을 간다. 이유가 어찌 되었든 서로의 마법에 끌린 두 남녀가 '신성한 산'을 함께 오른 것이다. 5월의 오르타 호수는 정말 아름답다. 호수의 동쪽 뾰족한 작은 돌출 지형에 위치한 마을 오르타에서 바라보는 호수와 산의 어울림은 마음이 시릴 정도로 감동을 준다. 오르타 마을 건너편으로 보이는 산 줄리오 섬의 바실리카에서 들려오는 종소리는 사람을 자연스럽게 기도와 묵상에 잠기게 만든다. 호수 뒷산 너머에 수많은 사람들이 순례하는 신성한 산이 있기 때문일까. 왜 두 사람은 바랄로의 신성한 산에 간 것일까? 신은 죽었다고 말한 니체가 종교적 순례지를 데이트 장소로 선택한 이유는 도대체 무엇일까?

　　오르타에서 바랄로로 가려면 재를 하나 넘어 세시아 강을 따라 한참 알프스 산 쪽으로 들어가야 한다. 바랄로는 피에몬테 지방의 베르첼리에 속한 조그만 마을이다. 나는 우선 베르첼리에서 바랄로로 가서 사크로 몬테를 보고, 다음에 오르타 호수로 가기로 작정했다. 니체의 발자취를 따르려면 오르타에서 바랄로로 가야 하는데 왠지 거꾸로 하는 것이 좋겠다는 생각이 들었다. 가슴을 믿기로 했다. 가는 길은 한적했다. 알프스의 정취를 느낄 수 있을 뿐만 아니라 반 종교 개혁 시대의 가톨릭 신자들의 신앙심을 느낄 수 있어 유럽의 걷고 싶은 길로 꼽힐 만했다. 해발 450미터 높이의 언덕 경사면에 형성된 이 순례지에는 45개의 예배당과 교회 건물이 모여 있다. 1497년에 시작되어 16세기에 완성된 이곳은 가톨릭 순례지로서 가장 오래되었을 뿐만 아니라 가장 완벽하

사크로 몬테에서 바라본 세시아 강과 마을

게 보존되어 유네스코 세계 문화유산으로 지정되었다고 한다. 모든 예배당은 일종의 무대처럼 꾸며져 있는데 격자창을 통해 안을 들여다보면 거기에 성서의 이야기들이 실물 크기의 나무와 토기 인물상과 다양한 그림들로 재현되어 있다. 400개의 실물 크기 목재 인형과 테라코타, 조각 및 회화의 형태로 등장하는 4,000명이 넘는 인물들은 신성한 극장 그 자체였다. 어떻게 이렇게 수준 높은 작품들을 이 외딴 산골짜기에 만들어놓은 것일까. 우리 인간에게 종교는 무엇이고, 신앙은 도대체 무엇인가?

물질적 행복이 신앙의 대상이 되어 철저하게 세속화된 현대 사회에서 종교적인 것의 의미를 찾기란 쉽지 않다. 그것은 빙하가 세시아 계곡을 깎아내기 전에는 강물이 사크로 몬테 높이에서 흘렀다는 것을 상상하는 것만큼이나 힘든 일이다. 우리 시대는 신이 죽은 시대이다. 사람들은 더 이상 신의 죽음을 두려워하지도, 이상하게 생각하지도 않는다.

그대들은 밝은 대낮에 등불을 켜고 시장을 달려가며 끊임없이 "나는 신을 찾고 있노라! 나는 신을 찾고 있노라!"라고 외치는 광인에 대해 들어본 일이 있는가? 그곳에는 신을 믿지 않는 사람들이 모여 있었기 때문에 그는 큰 웃음거리가 되었다. 신을 잃어버렸는가? 그들 중 한 사람이 이렇게 물었다. 신이 아이처럼 길을 잃었는가? 다른 한 사람이 말했다. 신이 숨어버렸는가? 신이 우리를 두려워하고 있는가?[10]

신이 없는 시대에 신을 찾는 사람은 예외 없이 미친 놈 취급을 받는다. 우리는 어떻게 신이 떠나버린 이 시대를 견뎌낼 수 있는가? 신은 정말 우리를 버린 것인가?

광인은 그들 한가운데로 뛰어들어 꿰뚫는 듯한 눈길로 그들을 바라보며 소리쳤다. "신이 어디로 갔느냐고? 너희에게 그것을 말해주겠노라! 우리가 신을 죽였다—너희들과 내가! 우리 모두가 신을 죽인 살인자다![11]

신의 죽음에 관한 니체의 말은 더 이상 철학적 스캔들이 아니다. 이 말은 일상화되어 진부해졌다. 극단적인 말을 주저하지 않는 니체의 진의를 알려 하지 않는 것도 위험하지만, 니체의 사상을 진부하게 여길 뿐만 아니라 지적인 장식으로 사용하기까지 하는 것은 더 위험한 일이다. 니체를 광인으로 취급하는 것은 그의 사상을 근본적으로 오해했기 때문이

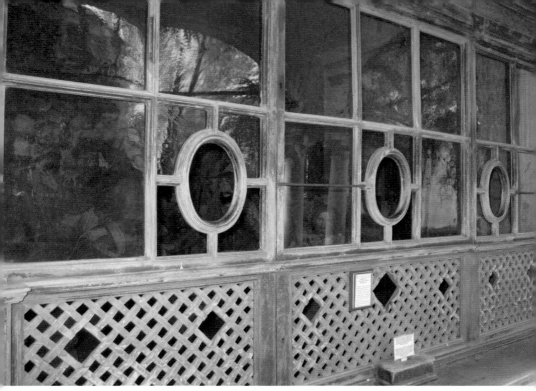

사크로 몬테 예배당의 격자창은 마치 신성한 극장 같다.

격자창으로 안을 들여
다보면 성서의 이야기
가 펼쳐진다.

다. 우리 모두는 신의 살인자라고 폭로하는 니체의 말을 다시 한번 곱씹어봐야 하는 것은 아닐까. 나는 어쩐지 니체가 신에 대한 믿음이 사라진 시대에 종교적인 것을 구하려 몸부림쳤다는 생각이 강하게 든다. 신이 없다고 해서 우리가 실존할 의미가 없는 것은 아니기 때문이다. 우리에게 존재의 의미를 부여하는 것은 도대체 무엇인가? 삶의 가치와 존재의 의미를 묻지 않는 종교란 있을 수 없다면, 우리의 종교는 무엇인가?

> 우리는 현재의 우리 자신이 되고자 한다! 새롭고, 유일무이하고, 비교 불가능하고, 자기 스스로가 입법자이고, 자기 스스로를 창조하는 인간이 되고자 한다![12]

　니체와 살로메의 공통 관심사는 신이었다. 니체는 살로메의 종교적 심성에 끌렸고, 살로메는 새로운 종교를 창조하려는 니체의 자유로운 실험 정신에 매료되었다. 살로메에게 니체는 "종교적 천재"[13]였다. 니체에게 살로메는 일차적으로 여성이었지만, 그녀를 한번 만나면 결코 그녀에게서 벗어날 수 없도록 만드는 그녀의 인격적 마력은 그녀의 종교심에서 기인한다. 신을 잃어버린 사람들의 신은 도대체 어떤 모습을 하고 있을까? 생각이 깊으면 상상이 현실이 되는 법일까. 저 아래에서 니체와 살로메가 진지한 얼굴로 대화를 하며 올라오고 있는 모습이 보인다.

니체 (여전히 말을 트지 못하고 경어를 쓰는 그의 목소리가 부자연스럽다.) 나는 어렸을 적 아버지를 잃으면서 신의 존재를 의심하기 시작했는데 살로메 양은 어떻게 신을 믿지 못하게 된 것인가요?
살로메 저도 아주 어렸을 적에 그렇게 됐어요. "내가 기억할 수 있는

사크로 몬테를 찾는 순례자 행렬

가장 어린 시절의 기억은 신과의 교제였어요."[14] 얘기해드릴까요? (얼굴에 엷은 생기가 돈다.)

니체 (호기심 어린 눈길로 바라보며) 꼭 듣고 싶군요. 우리의 몸이 우리의 의식보다 더 많은 걸 기억하지요. 어렸을 적 기억은 몸으로 하는 기억인 것 같아요.

살로메 (담담하고 느린 어조로) 몇 살이었는지는 기억이 나지 않지만 "어느 날 우리의 시골 집에서 도시의 집으로 신선한 달걀을 가져오는 하인 한 명이 내게 이런 말을 전했어요. 내가 정원 한가운데 세워놓은 작은 장난감 집에 한 쌍의 부부가 들여보내달라고 간청을 하는데 그가 거절했다는 거예요. 그가 다음에 왔을 때 그 부부는 어떻게 되었느냐고

사크로 몬테 안의 성당

제가 물었지요. 그동안 몸이 얼어버렸거나 배가 고팠을 텐데 누구에겐가 도움을 청했는지 불안했거든요. 하인이 말했어요. '그 사람들은 떠나지 않았어요.' '그럼 여전히 그 집 앞에 서 있나요?' '그렇지도 않아요. 그들은 점차 완전히 변해서, 점점 더 얇아지더니, 아주 작아져버렸어요. 그들은 완전히 오그라들었어요.' 그 하인이 어느 날 집 앞을 청소할 때 하얀 외투를 입은 부인에게서는 검은 단추들만이 발견되고 남자에게선 구겨진 모자만이 남겨졌다는 거예요. 그리고 그 둘이 서 있던 곳은 두 사람의 얼어붙은 눈물로 덮여 있었다고 하인은 말했어요."

니체 (눈가에 웃음이 번지면서) 눈사람 이야기군요.

살로메 (조금 더 진지하게) 이 끔찍한 "동화에서 이해할 수 없는 것은 두 사람에 대한 동정이 아니라 의심할 여지 없이 존재하고 있는 것이 녹아버릴 수 있다는 무상성이었어요. 나의 내면은 이에 대한 답을 얻으려는 열정으로 가득 찼어요. 아마 이날 밤에도 사랑하는 신에게서 대답을 듣고자 밤새 싸웠을걸요. 통상 신은 그런 일을 하지 않았지요. 신은 자신이 이미 알고 있는 것에 대해 나의 귀가 되어주시면 그만이었어요. 이번에도 나는 큰 기대를 하지 않았지요. '친애하는 눈사람 부부'라는 짤막한 말이 보이지 않는 그의 입에서 미끄러져 나오면 끝이었지요. 그런데 신이 그럴 수 없다는 것은 하나의 재앙이었어요. 그건 개인적인 재앙만이 아니었지요. 그것은 형언할 수 없는 공포를 뒤에 숨기고 있는 커튼을 열어젖혔지요. 커튼 위에 그려져 있는 신만이 나에게서 사라진 것이 아니었어요. 그렇게 신은 전체 우주에서 사라진 것이지요".15

니체 (심각한 얼굴로) 그것이 우리의 운명입니다. 신을 잃어버린 사회에서 어떻게 뿌리를 내리고 살 수 있는가 하는 것이 이 시대가 우리에게 던진 과제이지요. 신이 우리를 떠났다는 것은 우리가 철저하게 고독하다는 것이지요. 이런 형이상학적 고독을 어떻게 견딜 수 있을까요? 우리는 신을 부정하지만 동시에 신을 필요로 하지요.

살로메 (머리를 끄덕이면서) 신이 사라진 이 세계에서 그래도 살아야 한다는 의식적 깨우침은 모든 사람들이 겪는 "근원적 쇼크"16인 것 같아요.

니체 (계단에 걸려 비틀거리면서) 그렇지요. 우리의 삶은 보는 관점에 따라 철저하게 달라지지요. 삶은 우리의 것입니다. "우리는 우리의 주인이며 동시에 우리 자신의 덕성의 주인이 되어야만 합니다. 과거에는 덕성이 우리의 주인이었습니다. 그러나 그 덕성은 다른 도구들과 마찬가지로, 오로지 우리의 도구여야 합니다. 우리는 우리의 찬성과 반대에 대한 지배력을 터득하여 우리의 더 높은 목적에 필요할 때마다 그 덕성을 붙이거나 떼어내는 것을 배워야만 합니다. 우리는 모든 가치 평가에 들어 있는 관점주의를 터득해야 합니다."[17] 우리는 무엇보다 건강해져야 합니다. 위대한 건강의 표시는 넘쳐나는 힘이지요. "그렇게 넘쳐흐르는 힘은 자유정신에, 시험에 삶을 걸고 모험에 몸을 내맡겨도 된다는 위험스러운 특권을 부여합니다."[18]

살로메 (눈을 반짝이며 공감하듯 니체를 바라본다.) 우리의 자유는 우리가 스스로 창조하는 것일 거예요. "신도 마찬가지지요. 신에게서 위대한 것을 발견하지 못하는 사람은 어디에서도 위대한 것을 발견하지 못할 겁니다. 신을 부정하거나 아니면―신을 창조해야겠지요."[19]

이 말에 용기를 얻은 니체가 자신의 신에 대해 살로메에게 열정적으

멀리 보이는 설산은 4,633미터의 몬테 로사일까?

오르타 호숫가. 저 멀리 바실리카가 있는 섬과 그 뒤로 난, 사크로 몬테로 넘어가는 고갯길이 보인다.

로 이야기해주는 모습이 예배당의 격자창 위에 펼쳐지는 것 같다. 사람
들은 니체와 살로메가 단둘이 있을 때 입맞춤을 하지 않았을까 추측
하지만, 이렇게 심각한 분위기에서라면 사랑의 낭만이 어떻게 꽃필 수
있겠는가. 그사이 순례자들의 수가 늘어난 것 같다. 이들은 여전히 종교
적이다. 신에 대한 믿음이 사라진 뒤에도 인간은 여전히 신을 필요로
한다. 삶을 긍정한다면 삶의 종말인 죽음도 긍정해야 하기 때문일 것
이다. 나는 도대체 어떤 신을 찾고 있는 것일까? 사크로 몬테에서 보이
는 높은 설산에서 내려오고 있는 차라투스트라에게 물어야 할 것 같다.
　산이 종교라면, 물은 자유이다. 오르타에서 동쪽으로 고개를 넘으니
아름다운 호수가 눈에 꽉 찬다. 사크로 몬테에서 어쩔 수 없이 심각해

졌기 때문인지는 모르지만 파란색의 오르타 호수는 일종의 해방감을 준다. 물은 생명의 근원이기 때문일 것이다. 역시 바랄로의 사크로 몬테를 먼저 보길 잘했다는 생각이 든다. 무거움은 가벼움을 위해 있어야 하고, 심각함은 명랑함에 기여해야 한다. 아무리 심오한 사상이라 하더라도 삶을 해쳐서는 안 된다. 오르타 호숫가에서는 신을, 종교를 생각하지 말자. 언덕 위 주차장에 차를 세워두고 호숫가로 걸어 내려가면, 고풍스러운 건물들 사이로 난 골목길이 우리를 유혹한다. 호숫가를 따라 한참 걷다가 둑 위에 걸터앉아 졸기만 해도 좋을 것 같다. 광장에서 먹은 아이스크림과 에스프레소가 어쩌면 그렇게 맛이 있는지. 우리는 살아야 한다.

삶의 원칙
삶을 즐거이 살고
그것을 넘어서야 한다!
그러니 몸을 일으키는 법을 배워라!
그러니 아래를 내려다보는 법을 배워라!

충동 중에 가장 고귀한 충동
그것에 지붕을 덮어 더 고귀하게 하라.
1킬로그램의 사랑마다
극소량의 자기 경멸을 더해라!

평평한 들판에 머물지 말라,
너무 높이 올라가지 말라!

오르타 시가지 풍경

세계는 중간 정도의 높이에서
가장 아름답게 보인다.[20]

8

제 노 바

태양이
하얗게 빛나는
고독의 바다에서
초인을 보다

*

우리는 모두 바다를 동경한다. 무엇이 우리를 바다로 이끄는지는 모르지만, 바다는 삶의 자극제가 된다. 바다가 생명의 근원지이기 때문일까. 경기도의 외딴 시골 마을에서 자란 내가 처음 바다를 보았을 때의 충격은 지금도 생생하다. 물이라곤 저수지밖에 모르던 나였기에, 하늘과 맞닿도록 멀리까지 펼쳐진 바다는 나를 압도했다. 인간의 상상력을 초월하는 자연을 흔히 숭고함이라는 말로 수식하는데, 바다를 보며 느낀 것은 바로 그 숭고함이었다. 바다는 자유의 해방감과 초월의 숭고함을 동시에 갖고 있다. 바다를 보면 마음이 열리지만 동시에 두려워진다.

우리는 언제 바다로 떠나는가? 가슴이 답답할 때, 삶의 복잡한 과거를 잊고 싶을 때, 무엇인가 새로운 것을 찾을 때 우리는 바다를 찾는다. 니체가 이탈리아 리구리아 해안을 찾을 때의 심정도 크게 다르지 않았으리라. 몸에 좋은 기후, 자유롭게 생각할 수 있는 공간, 새로움을 잉태

할 수 있는 고독의 장소를 찾아 니체는 1880년 가을에 처음 이탈리아 북서부의 해안 도시 제노바로 떠난다. 바다는 모두 경외심을 불러일으키지만, 바다마다 모습이 매우 다르다. 밀물과 썰물에 따라 끊임없이 변화하는 바다, 어느 누구도 허용하지 않을 듯 거친 파도가 몰아치는 바다, 잔잔하게 일렁이는 파란 물결 위에 햇살이 작열하는 바다. 이탈리아 반도 서쪽에 자리 잡은 지중해 연안 지대 리비에라는 하얀 햇살과 파란 바다, 그리고 언덕 위의 하얀 집이 아름다운 곳이다. 이곳의 바다는 리구리아 해라고 불린다. 이탈리아의 제노바와 산레모 그리고 프랑스 코트다쥐르 지방의 니스와 칸으로 이어지는 이 바다는 우리의 상상력을 초월할 정도로 숭고하다. 인간을 위한 바다 같다.

니체는 이곳 지중해 연안의 도시와 스위스의 질스마리아를 오가며 후기의 중요한 글들을 쓴다. 《아침놀》, 《즐거운 학문》, 《차라투스트라는 이렇게 말했다》, 《도덕의 계보》, 《선악의 저편》. 니체를 대변하는 사상들도 모두 이곳에서 탄생한다. '영원회귀', '권력에의 의지', 그리고 '초인'. 좋은 생각을 하려면 우선 좋은 장소를 찾아야 하는가 보다. 니체는 소렌토에서의 좋은 추억과 지중해의 온화한 기후를 고려하여 제노바를 첫 번째 체류지로 선택한다. 그는 나중엔 니스를 다섯 번이나 찾을 정도로 제노바보다 니스를 선호하지만, 나로서는 이번엔 아무래도 니스를 포기해야만 할 것 같다. 나중을 위해 남겨두기로 한다. 프랑스쪽 리비에라 해안이 속한 지역의 이름 '코트다쥐르'의 뜻처럼 파란 '하늘빛 해안'을 생각하기만 해도 가슴이 설렌다.

낯선 무엇의 방해도 받지 않고 자신과의 대화를 하려면 바다로 가라.

나는 내 자신과 조화로운 삶을 발견하려는 시도를 다시 한번 합니다. 그리고 그것은 건강해지는 길일 것이라고 믿습니다. 적어도, 다른 길들에서는 이제껏 나의 건강을 잃었을 뿐이니까요. 나는 내 자신의 의사가 되어야 하겠습니다. 그러려면 나는 가장 깊은 내면에 이르기까지 내 자신에 충실해야 하고 어떤 낯선 것도 더 이상 들어서는 안 됩니다. 고독이 내게 얼마나 도움이 되는지 이루 말할 수 없습니다. 나의 은둔 생활을 숨기는 것이 도움이 됩니다. 그렇게 나는 모든 의미에서 나를 강화할 수 있습니다.[1]

자신의 내면에 귀를 기울이려면 고독해야 한다. 바다만큼 우리를 고독하게 만드는 곳도 아마 없을 것이다. 내 안에는 도대체 무엇이 있는가? 니체는 제노바로 오기 전 마조레 호수에서 이렇게 말한다.

어쩌면 나의 머리는 다른 생각들로 가득 차 있었을 겁니다. 이 생각들로 인해 나는 매일 열 번이나 내게 소리쳤습니다. 내겐 무엇인가 중요한 것이 있다!(이것이 내가 용기를 내는 방식입니다.) (정신과 건강과 다른 일에 있어서의) 나의 약점과 (전망과 과제를 보는 데 있어서의) 나의 강점을 서로 어떻게 견뎌내야 하는지 나는 종종 알지 못합니다. 스트레사에서 느꼈던 고독뿐만 아니라 사상에 있어서의 나의 고독은 아주 특별합니다. 그래서 진정한 기쁨의 모든 낱말과 행동이 더욱더 상쾌합니다.[2]

실타래처럼 얽힌 수많은 생각들을 명쾌하게 풀어줄 수 있는 하나의 낱말을 찾기 위해 니체는 제노바에서 고독한 은둔 생활을 한다.

제노바로 가는 길은 평탄치 않았다. 길을 떠날 때부터 우중충하던 하늘이 드디어 빗방울을 떨어뜨리기 시작했다. 하늘의 구름은 빨리 지나가고, 길가의 나무들은 춤을 춘다. 바닷가로 간다고 옷차림도 가볍

이탈리아 리구리아 해안의 전형적인 풍경

게 했는데 바람이 세서 큰일이다. 제노바가 가까울수록 산이 깊어진다. 리구리아 알프스인가 보다. 우리에게 백두대간이 있다면 이탈리아에는 아펜니노 산맥이 있다. 이탈리아 반도를 북에서 남으로 관통하는 이 산맥은 제노바에서 시작하여 피사와 피렌체에 이르는 북부 아펜니니, 페루자에서 로마를 거쳐 나폴리에 이르는 중부 아펜니니, 그리고 나폴리에서 시칠리아까지의 남부 아펜니니로 구분된다. 제노바는 육지 쪽으로 급경사를 이루고 있는 아펜니니 산맥에 둘러싸인 만에 위치하고 있다니 높은 산과 깊은 계곡이 이어지는 것을 보면 제노바가 멀지 않았음에 틀림없다.

  터널들이 갑자기 많아지는 것을 보면 제노바를 감싼 산맥을 지나고 있는가 보다. 몇 분 동안이나 이어지는 터널을 지나고 나면 금방 다른 터널이 나타난다. 이렇게 한참을 달리다 보니 저 멀리 갑자기 파란 바다가 펼쳐진다. 참 이상한 일이다. 하늘은 거짓말처럼 파랗게 개어 있었다. 비 온 흔적이 없는 것을 보면 산맥이 두 세계를 분명하게 나눠놓고 있는 것 같다. 북쪽의 암울한 날씨와 남쪽의 명랑한 기후. 니체가 왜 이곳을 선택했는지 그 이유를 알 것 같다. 지나온 터널을 세는 것도 잊어버렸는데 이제부터는 산을 연결하는 높은 다리의 수많은 교각들과 또 헤아릴 수 없이 많은 터널을 지난다. 바다가 가까울수록 해안선을 따라 바다를 향해 앉아 있는 도시의 모습이 분명해진다. 산을 다 내려와 해안가의 도시로 들어온 것 같은데 터널은 계속된다. 좁은 도로에 밀려오는 차들과 그 사이로 마구잡이로 끼어드는 수많은 오토바이들이 정신 사납게 만든다. 그래도 터널과 터널 사이로 보이는 도시의 모습은 그림엽서처럼 아름답다. 어떻게 출구를 빠져나왔는지도 모를 만큼 정신이 어지러운데 콜럼버스 시절의 범선이 정박해 있는 항구가 나타난다. 포르토 안티코('고대 항구')라는 표지판이 눈에 들어온다. 제대로 찾아온 모양이다. 항구 주차장에 차를 세우고 한숨 돌리니 그제야 제노바가 살아 숨 쉰다. 얼굴에 스치는 바람이 온화하다.

제노바.―나는 이 도시, 별장들과 정원들, 사람들이 거주하는 언덕과 구릉으로 이루어진 광활한 주변 지역을 오랫동안 바라보다가 마침내 이렇게 말할 수밖에 없었다. 나는 지난 세대의 얼굴을 보고 있다. 이 지역에는 대담하고 자주적인 인간들의 모습이 온 사방에 흩어져 있다. 그들은 삶을 살았으며 계속하여 살기를 원했다. 그들은 이것을 짧은 시간을 위해서가 아니라 수세기의 시간을 위해 건축되고 장식된 자신들의 집을 통해

내개 말해주고 있다. 그들은 종종 서로에 대해 악의를 품었을지는 몰라
도, 삶에 대해서는 호의를 지니고 있었다.[3]

*

항구엔 사람들이 많았다. 관광객도 적지 않았지만 소풍을 나온 학생
들이 많이 보였다. 1992년 박람회를 하면서 만든 유럽 최대의 수족관을
보러 온 모양이었다. 항구에는 많은 요트들과 배들이 정박해 있었지만
암스테르담, 함부르크나 상하이와 같은 다른 항구에서 보이는 생동감
은 느껴지지 않았다. 항구 자체가 박물관이 된 것처럼 보였다. 중세에
베네치아와 함께 지중해 해상권을 장악했던 제노바의 권력과 영광이
박제되어 있는 것처럼 보였다. 제노바는 당시 다른 도시들과 적대 관계
에 있었을 뿐만 아니라 내분과 불화로 시달렸다. 귀족은 평민들과 싸
웠고, 자기들끼리는 서로 주도권을 잡으려 암투를 벌였으며, 일시적인
평화를 구축하려 외국군을 끌어들이곤 했다. 제노바는 1339년 독일,
나폴리, 밀라노와 같은 주변국들에게 인정받는 독립국이 되었지만
실제로는 권력투쟁의 도시라고 해도 과언이 아니었다.
　도시의 건축물들은 권력의 표현이다. 다른 사람이 느낄 수 있도록
표현되지 않는 권력은 본래 권력이 아니다.

　언제나 나는 건축가의 눈길이 그를 둘러싼 멀고 가까운 건물들 위에,
　그리고 도시와 바다와 산의 능선 위에 머물고 있는 것을, 또한 그가 이 눈
　길로 힘을 행사하고 정복하는 것을 목격한다. 이 모든 것을 그는 자신의

계획에 끼워 넣어 결국 자신의 소유물로 만들려 한다. 이 지역 전체에는 만족할 줄 모르는 이 화려한 소유욕과 약탈욕의 자만심이 무성하게 뒤덮여 있다. 이 사람들이 먼 곳에 있는 어떤 경계선도 인정하지 않고 새로운 것에 대한 갈망에 의해 신세계를 구세계 옆에 세웠듯이, 고향에서도 모든 이들이 서로에 대해 반항하여 들고 일어나, 자신의 우월성을 표현하고 자신과 이웃 사이에 자신의 무한한 인격을 세우는 방식을 창조했다. 모든 사람이 건축에 대한 자신의 사상을 고향에 구현하고, 자신의 집을 눈요깃감으로 재창조함으로써 고향을 다시 한번 정복했다.[4]

건축은 이렇게 소유욕과 약탈욕의 산물이 된다. 제노바의 구시가지 이곳저곳에 널려 있는 수많은 궁전들은 세계를 정복하고자 했던 당대 사람들의 권력욕을 말해준다.

옛 항구 포르토 안티코에서 구시가지 쪽으로 들어서면 산 조르조 궁전이 나타난다. 1260년 건립된 이 궁전은 당시 제노바 해상 무역의 중심이었다. 이후 이 자치 도시의 청사로 사용되다가 1407년 산 조르조 은행으로 바뀌었다고 한다. 이 은행은 당시 유럽에서 가장 탄탄하고 생산적인 은행이었다고 하니 이 궁전 건물은 금력과 권력을 상징하는지도 모른다. 이 건물을 돌아서면 제노바의 전형적인 골목길이 나타난다. 제노바의 골목길은 피렌체보다 더 좁고 길다. 피렌체의 건축물이 비교적 통일적이라면, 제노바의 골목길을 따라 늘어서 있는 건축물들은 다양하다. 로마네스크, 바로크, 르네상스 양식이 뒤섞여 있다. 골목을 따라 늘어선 상점들은 골목만큼이나 작다. 여전히 많은 건물들은 수리를 하지 않으면 쓰러질 정도로 낡았지만, 골목길들이 끊임없이 이어지다 조그맣고 아름다운 광장을 만들고 다시 여러 갈래의 골목길로 이어지는 구시가지는 병적인 매력이 있다.

골목길을 따라 한참 오르다 보니 12세기에 건립된 포르타 소프라나 성문이 나타난다. 성문을 넘어서 조금만 내려가면 모퉁이에 제노바가 낳은 가장 유명한 인물 중의 하나인 콜럼버스의 생가가 있다. 1451년 제노바에서 태어난 콜럼버스는 1492년 10월 12일 아메리카 신대륙을 발견함으로써 근대를 연 탐험가이다. 새로운 시대는 항상 새로운 땅을 발견함으로써 시작되는 법이다. 니체가 이곳 제노바에서 새로운 시대를 열 새로운 언어를 발견하고자 했던 것은 우연이 아닌 것처럼 보인다.

새로운 바다로
그곳으로―나는 가련다.
내 마음과 손을 믿고.
열린 바다로 무작정
내 제노바의 배는 향한다.

모든 것이 새롭게 빛난다.
시간과 공간 위에 잠들어 있는 정오.
오직 그대의 눈만이 두렵게
나를 응시하는구나, 영원이여.[5]

니체는 새로운 콜럼버스이다. 그는 새로운 대륙, 새로운 세계, 새로운 미래를 찾는 탐험가이다. 탐험가와 모험가에게 가장 필요한 것이 무엇일까? 성문 곁의 초라한 콜럼버스 생가를 보면서 갑자기 이런 생뚱맞은

포르토 안티코에 있는 산 조르조 궁전

포르타 소프라나 성문

1529~1530년경 콜럼버스의 초상화. 세바스
티아노 델 피옴보Sebastiano del Piombo
의 작품이다.

의문이 든다. 용기일까. 재력일까. 호기심일까. 니체는 탐험가가 가져야
할 가장 중요한 덕성은 "위대한 건강"이라고 잘라 말한다.

우리 새로운 자, 이름 없는 자, 이해하기 어려운 자, 아직 증명되지 않은
미래의 조산아인 우리는 하나의 새로운 목적을 위해 하나의 새로운 수단
을 필요로 한다. 말하자면 새로운 건강을, 이전의 어떤 건강보다도 더 강
하고 더 능란하고 더 질기며 더 대담하고 더 유쾌한 건강을 필요로 한다.[6]

제노바에 와서도 끊이지 않는 두통, 구토와 발작에 시달렸던 니체가
콜럼버스의 건강을 부러워하지 않았을 리 없다. 지중해의 모든 해안을
정복하고 새로운 대륙을 발견한 콜럼버스처럼 니체는 자신이 추구하는

모든 이상의 지중해를 항해하고 싶어 한다.

건강함이란 낯선 미지의 땅을 견뎌낼 수 있는 힘을 말한다. 낯선 것을
두려워하는 사람은 결코 익숙한 고향을 떠나지 못한다. 이제까지 우리
의 삶을 지배해온 가치와 관습에 익숙한 사람은 새로운 가치와 이상을
받아들이기 쉽지 않다. 콜럼버스가 바깥의 대양을 항해했다면, 니체는
내면의 대양을 항해한다. 이상을 발견하고 정복하는 자가 어떤 기분인
지를 자기 고유의 경험이라는 모험을 통해 알려고 했기 때문이다.

마치 우리가 오랜 항해의 대가로 누구도 그 경계를 보지 못한 미지의 땅
을 지금 직면하고 있는 것처럼 보일 것이다. 지금까지의 모든 나라의 저편
에 있고, 이상의 한 귀퉁이이며, 아름다운 것과 기묘한 것과 수상쩍은 것과
공포스러운 것과 신적인 것들로 어찌나 가득 차 있는지, 우리의 호기심이

피아차 데 페라리 광장. 이곳에서 여러 갈래의 길이 이어진다.

나 소유욕이 정신을 차릴 수 없을 지경이 되고 마는 그런 땅을 말이다.[7]

이런 이상을 발견한 니체가 과연 현대의 인간에게 만족할 수 있겠는가? 니체는 해안을 따라 넓은 바다를 바라보며 산책할 때엔 새로운 이상을 발견하고, 다시 자신의 집으로 골목길을 따라 올라갈 때면 현대인들의 가치와 목표에 메스꺼워했을 것 같다.

다시 성문을 지나 시내 안쪽으로 발을 옮긴다. 얼마 가지 않아서 커다란 분수가 있는 광장이 나타난다. 피아차 데 페라리. 이곳의 건물들은 해안가 골목길의 건물들과 사뭇 다르다. 은행, 증권 거래소 건물들이 모여 있는 곳이어서 그런지 사람들의 움직임이 분주하다. 돈이 돌아야 사람들의 생기도 돈다. 이곳 광장을 건너면 오랫동안 제노바 총독이 통치했던 팔라초 두칼레 궁전이 나타난다. 지금은 미술관으로 바뀌어 다양한 전시들이 이루어지고 있지만 예술품을 보고 싶은 마음은 들지 않았다. 이곳에서 구시가지의 주요 도로인 비아 산 로렌조를 따라 조금 내려가면 제노바의 가장 대표적인 성당인 산 로렌초 성당이 서 있다. 12세기에 지어진 이 성당은 당시의 제노바가 누렸던 경제적 권력을 상징한다. 원래는 로마네스크 양식으로 지어졌지만 세월이 흐르면서 다양한 양식이 혼합되어 지금은 그 자체가 하나의 조그만 건축 박물관 같다.

교회 앞 계단에 옹기종기 앉아 시끄럽게 떠드는 이탈리아 사람들을 관찰하다가 다시 광장으로 나가 약간 왼쪽으로 꺾어 들면 카를로 펠리체 오페라 하우스가 나온다. 건물 사이로 보이는 파란 하늘이 니체의 고독과 자유를 느끼게 한다.

산 로렌초 성당의 문

산 로렌초 성당의 입구 양쪽에 서 있는 사자 상. 인상적인 갈기 때문인지 사자의 모습이 권력을 상징하기에는 온화해 보인다.

그동안은 최고의 날씨였단다. 전체적으로 보면 나는 그보다 좋은 것을 체험하지 못했어. 매일매일 오후엔 나는 바닷가에 앉아 있단다. 구름 한 점 없어 나의 머리도 맑게 갠 듯 자유로워. 나의 머리는 좋은 생각과 의도들로 가득 차 있단다.[8]

오늘도 최고의 날씨다. 하늘은 구름 한 점 없이 파랗게 빛나고, 골목길로 불어오는 바람은 선선하다. 니체는 이곳 제노바에서 사유에 매듭을 짓고 있었을 뿐만 아니라 결정적인 음악 체험을 하게 된다. 비제의 오페라 〈카르멘〉을 경험한 것이다.

만세! 다시 좋은 것을 알게 되었습니다. 프랑수아 비제의 오페라입니다. (그런데 이 사람이 누구지요?) 희극적 오페라의 진짜 프랑스 재능입니다. 전혀 바그너에 의해 어지럽혀지지 않았습니다. 프랑스인들은 드라마틱한 음악에서 올바른 길을 가고 있습니다.[9]

니체는 바그너에게서 멀어질수록 비제에게 끌린다. 음악은 여전히 니체에게 약과 같다.

오늘도 아팠습니다. 음악 때문이 아니라 나쁜 날씨 때문이었습니다. 음악을 듣지 않았더라면 아마 더 아팠을 겁니다. 좋은 것은 나에게 약입니다.[10]

니체가 비제의 이름을 조르주 아닌 프랑수아로 틀리게 쓸 정도로 이 작곡가를 잘 모르면서도 이렇게 말하는 것을 보면 대단한 감동을 받았던 모양이다. 〈하바네라〉와 〈투우사의 노래〉가 들린다. 니체는 이곳에서도 음악과 철학을 연결하려 노력한다. 잠언의 형식이 완성된 곳도 바로 태양이 내리쬐는 이곳이다. 니체가 오르내렸던 골목길을 따라 니체가 살았던 집을 찾아 나선다. 살리타 델레 바티스티네Sallita delle Battistine 8번지. 지붕이 유리로 덮인 갈레리아 마치니 끝에서 왼쪽으로 내려가면 비아 가리발디 길이다. 이 길이 제노바에서 가장 걷기 좋은 길인 것 같다. 길 양편으로는 웅장한 건물들이 늘어서 있다. 제노바가 한창 번성할 때 지어진 여러 궁전들이 모여 있다. 하얀 궁전 팔라초 비앙코, 붉은 궁전 팔라초 로소는 루벤스, 뒤러, 반 다이크의 작품들을 볼 수 있는 미술관으로 바뀌었다. 예술 작품을 보는 것도 좋지만 건축물 자체를 보는 것이

카를로 펠리체 오페라 하우스. 때마침 슈트라우스의 〈낙소스 섬의 아리아드네〉가 공연되고 있었다.

더 좋다. 모든 건물들이 개성이 있다.

도시의 건축 양식을 자세히 살펴보면 북유럽에서는 규칙 그리고 규칙성과 복종에 대한 일반적인 열정이 눈길을 끈다. 이로부터 저 내적인 평등 의식과 질서 의식이 모든 건축가들의 영혼을 지배하고 있음을 알아챌수 있다. 하지만 이곳에서는 바다와 모험과 동양을 아는 독립적 인간, 규칙이나 이웃을 권태처럼 싫어하며 이미 세워진 모든 낡은 것을 질투의 시선으로 측정하는 인간을 골목마다 보게 된다. 이들은 놀랍고 영리한 상상력을 가지고, 이 모든 것을 적어도 생각 속에서나마 자신의 손을 갖다 대고, 자신의 감각을 집어넣어 새로 세우고 싶어 한다.[11]

이탈리아 도시를 여행할 때마다 느끼는 것이지만 이탈리아 건축을 우습게 봐서는 안 된다. 겉으로 보면 이탈리아 건축은 유럽 다른 도시의 웅장한 도시 건축에 비해 소박하고 초라해 보일 수도 있다. 궁전이란 것도 파리의 베르사유, 영국의 웨스트민스터, 오스트리아의 쇤브룬이나 베를린의 샤를로텐부르크 궁전처럼 웅장하지는 않다. 도시 국가의 전통을 가진 제노바, 피렌체, 밀라노의 궁전들은 도로에서 보면 마치 하나의 건물이 덩그러니 서 있는 것처럼 보인다. 그러나 겉과 속이 다르다는 것이 제노바 궁전의 맛이다. 안으로 들어가면 건물에 둘러싸인 정원과 회랑이 동화 속의 다른 세계처럼 숨어 있다.

니체가 살았던 집을 찾는 것은 쉽지 않았다. 니체의 셋집이 있었다는 포르텔로 광장은 이름만 광장일 뿐 두 터널 사이의 좁은 공간에 지나지 않았다. 차량 통행이 많지 않았던 예전에는 니체의 집이 있던 언덕에서 내려오다 보면 만나게 되는 '광장'이었을 것이라고 상상되지만, 지금은 수많은 차들이 왕래하여 매연 냄새가 진동하는 어지러운 장소일 뿐이었다. 터널 바로 앞 왼편 언덕길이 바로 '살리타 델레 바티스티네 8번지'이다. 이곳에서 니체는 《즐거운 학문》을 완성했다. 언덕이 비교적 가파르다. 언덕이 끝나는 지점에 8번지 집이 있다. 짙은 녹색 대문이 있는 낡은 오렌지색 건물은 언뜻 보아도 쾌적해 보이지는 않는다. 그래피티 그림과 낙서로 어지러운 우중충한 건물 벽은 맞은편 공원의 그림자와 어울려 묘한 분위기를 연출했다. 언덕길 계단은 이끼가 끼어 있고, 벽에서는 급한 사람들이 용무를 봤는지 오줌 냄새까지 진동했다. 니체가 살았을 때는 지금과는 다르지 않았을까 생각한다. 이 집 오른편에는 제노바 항구 전체가 내려다보이는 조그만 공원이 있다. 니체가 즐겨 산보한 곳이라는데 지금은 어떤 영문인지 폐쇄되어 있었다.

니체가 제노바에서 살았던 살리타 델레 바티스티네 8번지 집

니체의 집에서도 항구가 보였다. 파란 바다는 항상 니체를 유혹했을 것이다.

나의 방은 매우 밝고, 매우 높단다. 그것은 나의 기분을 좋게 하지. 아주 가까이에는 늘 열려 있는 매혹적인 정원이 하나 있단다. 숲처럼 울창한 푸른 나무들, 폭포, 야생 동물과 새들, 바다와 산을 바라볼 수 있는 훌륭한 전망, 이 모든 것이 좁은 공간에 다 있단다.[12]

그러나 제노바에서도 니체는 자주 아팠다. 그럴수록 니체는 더 열심히 산보를 했다.

제노바처럼 길이 넓은 돌로 훌륭하게 포장되어 있어서 주변의 먼

니체가 살았던 집과 그 맞은편의 공원

곳까지 갈 수 있게 돼 있는 도시가 또 어디 있겠니. 제노바는 나의 건강과
정신적인 안정과 관련하여 나의 가장 행복한 선택이다.[13]

새로운 콜럼버스가 된 니체는 자신의 사유의 항해에서 무엇을 발견
했을까? 그는 고통 속에서도 새롭게 발견한 위대한 건강으로 어떤 신대
륙을 발견하고자 한 것일까? 이런 생각을 하며 미로처럼 얽힌 골목길을
따라 다시 바닷가로 내려간다.

*

일찍이 사람들은 먼 바다를 바라보고는 그것을 신이라 했다. 그러나 나는 너희들을 가르쳐 초인을 이야기하겠다. 신이란 하나의 억측에 불과하다. 나는 이 억측이 너희들의 창조 의지를 능가하지 않기를 바란다. 너희들은 과연 신을 창조할 수 있는가? 가능한 일이 아니니 일체의 신들에 대해 침묵해야 할 것이다. 그러나 초인은 창조해낼 수 있을 것이다.[14]

신이 죽은 시대의 새로운 신이 바로 초인이다. 우리가 신을 죽인 살해자라면, 우리는 신을 창조할 수도 있다. 물론 그 신은 과거의 신과 다를 것이다. 차라투스트라는 계속 이렇게 말한다.

나의 벗들이여, 너희들에게 나의 마음을 모두 털어놓으리라. 만약 신들이 존재한다면, 나는 내가 신이 아니라는 사실을 어떻게 참고 견뎌낼 수 있겠는가? 그러니 신들은 존재하지 않는다.[15]

니체의 초인 사상은 신의 죽음에 대한 그의 대답이다. 신에 대한 믿음이 사라진 시대에 우리는 우리의 삶에 어떤 의미를 부여할 수 있는가? 우리는 의미의 문제를 해결하지 않고 과연 살아갈 수 있는가? 현대인들은 물론 의미의 문제를 애써 회피하려 한다.

사랑이란 무엇인가? 창조란 무엇인가? 동경이란 무엇인가? 별이란 무엇인가? 최후의 인간은 이렇게 묻고는 눈을 깜박인다. 이 지구는 작아졌으며 그 위로 모든 것을 작게 만드는 최후의 인간이 뛰어다니고 있다. 이 종족은

234 니체의 차라투스트라를 찾아서

벼룩과도 같아서 근절되지 않는다. 최후의 인간이 가장 오래 산다. "우리는 행복을 찾아냈다." 최후의 인간은 이렇게 말하고는 눈을 깜박인다.[16]

현대인들은 사랑도 창조도 동경도 중요시하지 않으며, 더구나 이상이라는 별은 꿈에서조차 생각하지 않는다. 그들에겐 행복이 있기 때문이다.

최후의 인간은 분명 초인의 반대 유형이다. 삶의 최고 가치와 목표였던 신이 죽은 다음에는 지구상의 어느 것도 중요하지 않다. 행복이 신을 잃어버린 사람들이 믿는 유일한 신이 되었다고 해도 과언이 아니다. 그들은 사랑을 말하지만 정작 사랑을 할 줄 모른다. 따뜻한 기운이 필요하기 때문에 사랑하는 사람의 몸에 자신의 몸을 비벼댈 뿐이다. 그들은 일을 하지만 일의 보람을 알지 못한다. 일이 중요한 것이 아니라 일로써 버는 돈이 중요하기 때문이다. 설령 일을 소일거리로 여기긴 해도 몸을 해치는 일이 있어서는 안 된다는 생각에서 그럴 뿐이다. 그들은 낮에는 낮대로 밤에는 밤대로 조촐한 쾌락을 즐기지만 낙을 알지 못한다. 쾌락을 즐기면서도 건강을 끔찍이 생각하기 때문이다. 그들은 건강을 생각하지만 정작 무엇 때문에 건강이 필요한지를 모른다. 그저 행복하기만 하면 되기 때문이다. 돈이 있으면 행복하고, 건강하면 행복하고, 재미있으면 행복하고, 일이 있으면 행복하다. 현대인들은 행복 종교를 믿는 최후의 인간들이다.

슬픈 일이다! 머지않아 사람이 더 이상 별을 탄생시킬 수 없게 될 때가 올 것이다! 머지않아 자기 자신을 더 이상 경멸할 줄 모르는, 그리하여 경멸스럽기 짝이 없는 자의 시대가 올 것이다.[17]

스스로를 경멸할 줄 모르는 사람은 추구하는 가치가 없는 사람이다. 내가 도저히 견딜 수 없는 것이 무엇인지를 깨닫지 못하는 사람이다.

니체는 건강하지 않다. 그러므로 그는 건강의 의미를 온몸으로 체험하고 깨닫는다. 니체는 신에 대한 믿음을 잃었다. 그러므로 그는 이 실존적 쇼크를 극복하기 위해 신의 의미를 철저하게 생각한다. 최후의 인간은 몸으로 깨닫지도, 머리로 사유하지도 않는다. 그들은 그저 행복하게 살아갈 뿐이다. 행복하려면 단순해져야 한다. 그래서 현대인들은 복잡한 것을 싫어한다. 사랑이 무엇이고, 동경이 무엇이고, 창조가 무엇이란 말인가? 혼돈만 아니라면 모든 것이 행복해질 텐데 뭘 그렇게 복잡하게 생각한단 말인가? 그래서 니체의 차라투스트라는 초인을 가르친다.

> 너희들에게 말하거니와, 춤추는 별을 탄생시키기 위해 사람은 아직 자신들 속에 혼돈을 지니고 있어야 한다. 너희들에게 말하거니와 너희들은 아직 그러한 혼돈을 지니고 있다.[18]

이렇게 생각을 하니 나의 현실이 아무런 의미가 없는 것이 아니라 별을 탄생시키기 위한 산통처럼 여겨진다. 니체는 1882년 제노바에서《즐거운 학문》을 완성하면서 환호를 지른다. "아, 어떤 시간인가! 아, 아름다운 일월의 이 기적!" 자신의 삶에서 가장 아름다웠던 이 시절을 생각하면서 니체는《즐거운 학문》제4부의 제목을 "성 야누아리우스"로 정한다. 왜 니체는 남녀 양성의 성인으로 숭배되는 성 야누아리우스Sanctus Januarius를 선택한 것일까? 스캔들을 좋아하는 사람들은 여기서 니체의 동성애적 성향을 확인할 수 있다고 생각할지 모른다. 그러나 아이를 낳기 위해서는 남녀 한 쌍이 있어야 하는 것처럼 새로운 가치를 창조하고 탄생시키기 위해서는 사물을 이중적으로 보아야 하는 것은 아닐까?

> 나는 사물에 있어 필연적인 것을 아름다운 것으로 보는 법을 더 배우고
> 자 한다. 그렇게 하여 사물을 아름답게 만드는 사람 중 하나가 될 것이다.
> 아모르 파티Amor fati! 네 운명을 사랑하라! 이것이 지금부터 나의 사랑이 될
> 것이다! 나는 추한 것과 전쟁을 벌이지 않으련다. 나는 비난하지 않으련다.
> 나를 비난하는 자도 비난하지 않으련다. 눈길을 돌리는 것이 나의 유일한
> 부정이 될 것이다! 무엇보다 나는 언젠가 긍정하는 자가 될 것이다![19]

추한 것도 아름다움을 낳을 수 있고, 잔인함도 새로운 덕성을 산출할
수 있고, 파괴도 창조가 될 수 있다면, 성 야누아리우스는 현실의 이중
성 또는 양성성을 긍정하는 성인이라고 할 수 있다.

현실의 이중성을 긍정하는 사람은 분명 초인이다. 보통 사람은 그렇
게 하지 못한다. 신이 죽었음에도 보통 사람은 여전히 신이 만들어놓은
선악의 관습에 묶여 있다. 초인은 선악을 뛰어넘고, 종교에서 자유롭다.
초인은 선이 악으로, 악이 선으로 변할 수 있다고 생각한다. 최후의 인
간으로서 현대인은 종교를 상실하지만 여전히 종교적 틀에 구속된다.
초인은 현실을 있는 그대로 긍정한다는 점에서 우리가 살고 있는 이 세
상을 신성화한다. 이 세상은 여전히 살 만한 가치가 있는 것이다. 우리
는 현대 사회에서 과연 초인이 될 수 있을까? 우리 내면의 모든 것을 극
복하고 세상을 있는 그대로 긍정할 힘을 가질 수 있을까? 삶이 권력에
의 의지라면, 우리는 항상 스스로를 끊임없이 극복할 수 있을까?

니체는 이 물음에 대한 답을 정리하기 위해 1882년 11월 말 제노바
에서 동쪽으로 떨어진 라팔로로 간다. 제노바가 너무 번잡해서였을까.

라팔로 해안. 니체가 즐겨 걸었다는 산이 뒤로 보인다.

제노바에서 라팔로로 가는 길은 리구리아 해안의 아름다움을 만끽할 수 있는 최상의 드라이브 코스이다. 뜨거운 햇살은 파란 바다 위에 진주를 흩뜨려놓고, 푸른 언덕 위의 집들은 지중해의 파란색을 머금고 있다. 길은 해안선을 따라 굽이굽이 돌아간다. 좁은 길로 자동차와 오토바이가 뒤섞여 흘러가지만, 바다 때문인지 조급하지는 않다. 잠시 차에서 내려 바다 경치를 볼 만한 자리가 없을 정도로 도로가 좁다는 것이 조금 아쉽다.

니체는 이곳에서 《차라투스트라는 이렇게 말했다》의 구상을 완성한다.

그동안 날이 다시 맑았습니다. 곧바로 나는 나 자신의 주인이 되었습니다. 그럼에도 불구하고 고독 속에서 자기 자신을 마음대로 할 수 있다면 행복해집니다.[20]

니체는 이런 고독의 상태에서 자신이 쓰고 있는 책의 제목을 밝힌다.

"차라투스트라는 이렇게 말했다. 모든 사람을 위한, 그리고 그 어느 누구를 위한 것도 아닌 책." 이 책으로 나는 새로운 조직에 가입했습니다. 지금부터 나는 아마 독일에서 미친 사람들에 끼게 될 것입니다.[21]

니체는 이미 자신의 운명을 예견한 것일까? 그럼에도 그는 자신의 운명을 긍정할 힘을 바로 저 바다에서 얻었을 것이라는 생각이 들었다. 바다는 여전히 빛나고 있었다.

사람은 짐승과 초인 사이를 잇는 밧줄, 하나의 심연 위에 걸쳐 있는

라팔로의 바다

하나의 밧줄이다. 저편으로 건너가는 것도 위험하고, 건너가는 과정, 뒤돌아보는 것, 벌벌 떨고 있는 것도 위험하며 멈춰 서 있는 것도 위험하다. 사람에게 위대한 것이 있다면, 그것은 그가 목적이 아니라 하나의 교량이라는 점이다. 사람에게 사랑받아 마땅한 것이 있다면, 그것은 그가 하나의 과정이요 몰락이라는 점이다.[22]

9
토　리　노

커피 향에
발길이 가벼워지는
바로크 도시에서
나를 잃고 내가 되다

생각하는 사람은 안다. "모든 사람이 자기 자신에 대해 가장 먼 존재"[1]라는 사실을. 별 생각 없이 살아가는 사람들은 자신의 존재가 이 세상에서 가장 확실하다고 생각한다. 나는 무엇을 좋아하고, 무엇을 싫어하는가? 나는 무엇을 원하고, 무엇을 성취하고자 하는가? 우리는 대체로 이 물음에 대한 답을 잘 알고 있다고 생각한다. 그런데 대부분의 사람들은 자신이 진정으로 원하는 게 뭔지 모르는 채 살아간다. 어디 그뿐인가. 다른 사람이 아무리 자신을 좋게 봐도 유독 본인만은 자신에게 문제가 있다고 생각한다. 그래서 자신의 잘생긴 얼굴도 뜯어고치고, 좋은 재능도 망쳐놓는다. 이런 사람들은 대부분 자기 자신을 바라보지 않고 남을 바라본다. 그들은 남이 보는 대로, 남을 신경쓰며 살아간다. 그렇게 그들은 스스로를 혼동한다.

　　왜 사람들은 자신의 내면에 등을 돌리고 바깥을 보려 하는 것일까?

여러 가지 이유가 있겠지만 어쩌면 자신에 대한 두려움 때문일지도 모른다. 자신의 진짜 모습을 볼까 봐 두려운 것이다.

> 우리는 필연적으로 우리 자신에게 낯선 존재이다. 우리는 우리 자신을 이해하지 못한다. 우리는 우리 자신을 혼동하지 않을 수 없다.[2]

사람들이 여행을 떠나는 것은 낯선 것을 경험하기 위해서도, 미지의 세계를 탐험하기 위해서도 아니고 궁극적으로는 자기 자신을 찾기 위해서이다. 우리에게 가장 커다란 미지의 세계는 자기 자신이기 때문이다. 우리는 종종 낯선 것을 경험하면서 자신을 돌아보고, 모르는 사람들과 함께 있을 때 자신을 발견하지 않는가. 그렇게 친숙했던 자신에게 커다란 물음표를 붙이고 자신의 새로움을 일깨우는 것은 바로 낯섦의 경험이다. 상품화된 관광 여행에서 주위를 둘러보다 자신을 잃는다면, 진정한 여행에서는 자신을 돌아보고 주위를 발견한다.

> 자신을 상실하는 것—비로소 자신을 발견했을 때, 우리는 때때로 자신을 상실하고 또다시 발견하는 법을 터득해야 한다. 그가 사상가라는 것을 전제한다면 말이다. 즉 사상가에게는 하나의 인격에 묶여 있는 것은 항상 해롭기 때문이다.[3]

어제 제노바에서 돌아와서는 오랫동안 잠을 이룰 수 없었다. 나는 이제까지 나를 찾으며 살고 있었는가? 나는 내가 원하는 것을 진정으로 알고 있는가? 내가 원하는 것을 실행하지 못할 때 나는 항상 주위의 탓으로 돌리지 않았는가? 나는 과연 내가 원하지 않는 것을 하지 않을 수 있을 정도로 자유로운가? 인간은 끊임없이 극복되어야 할 존재라는 니체의 초인 사상은 나를 실마리가 없는 미궁 속으로 밀어 넣었다. 내가 잠을 이루지 못한 데는 물론 다른 이유도 있었다. 내일이면 니체가 마지막으로 머물렀다 발작을 일으키고 정신적으로 사망한 비극의 도시 토리노를 방문한다는 생각이 머리를 어지럽혔다.

어젯밤의 설렘과 두려움을 조롱하듯 날씨는 쾌청했다. 저 멀리 토리노 시 뒤편으로 눈 덮인 알프스 산맥이 보일 정도로 시야가 시원하게 트였다. 요즘은 유럽 관광이 일반화되어서 많은 사람들이 이탈리아를 찾지만 대부분 로마, 피렌체, 베네치아와 밀라노를 들를 뿐 토리노는 대체로 비켜 간다. 니체가 토리노를 처음 방문했을 때도 사정은 다르지 않았던 것 같다. 이탈리아어로는 토리노Torino, 독일어로는 투린Turin, 피에몬테 방언으로는 튀린Türin으로 불리는 도시.

나는 토리노를 발견했습니다. 토리노는 알려진 도시가 아닙니다. 그렇지요? 교양 있는 독일인은 여행할 때 이곳을 그냥 지나칩니다. 교양이 명령하는 모든 것에 대해 내 방식으로 냉담해서 나는 토리노를 나의 세 번째 거처로 삼았습니다. 다시 말해 질스마리아가 첫 번째이고 니스가 두 번째입니다. 모든 곳에서 네 달. 토리노에는 봄에 두 달, 그리고 가을에 두 달입니다. 이상하지요! 그렇게 하도록 나를 설득한 것은 공기입니다. 세 곳 모두의 똑같은 건조한 공기입니다. 동일한 기상학적 근거에서 그렇습니다. 북쪽과 서쪽의 설산. 이런 계산으로 나는 이곳에 왔습니다. 그리고 나는 넋을 잃을 정도로 황홀했습니다! 심지어 매우 따뜻한 날에도 저 유명한 부드러운 바람이 불었습니다. 이제까지는 오직 시인들을 (거짓말쟁이! 그들을 믿지는 않지만) 통해서만 알고 있었던 바람이지요. 밤에는

선선합니다. 도심 한가운데서 눈을 볼 수 있습니다.[4]

토리노는 피에몬테의 주도일 뿐만 아니라 이탈리아의 대표적인 자동차 생산 도시라서 그런지 도로망이 잘 발달해 있었다. 토리노라는 이름에서 어떤 사람은 피아트를 떠올리고 어떤 사람은 유벤투스 축구 클럽을 떠올린다. 물론 나는 19세기의 대표적인 사상가 니체를 제일 먼저 떠올린다. 몽칼보에서 지방 국도를 타고 아스티로 내려가 그곳에서 토리노로 가는 고속도로를 타기로 했다. 한두 시간이면 도착할 거리이지만 도중에 휴게소에 들르기로 했다. 휴게소에서 '원샷'으로 마시는 에스프레소에 맛 들여, 커피 향을 맡지 않고 하루를 시작하면 왠지 하루의 삶이 정리가 되지 않을 것 같은 두려움이 든다. 이탈리아에서 커피 한 잔 달라고 하면 당연히 에스프레소가 나온다. 포터필터에 커피를 담고 머신에서 에스프레소를 추출하는 능숙한 솜씨만큼이나 맛과 향이 좋다. 맛과 향이 고스란히 응축되어 담긴 에스프레소 잔 위에 떠 있는 황금빛 크레마도 아름답다. 에스프레소 한 잔에서는 커피의 숨길 수 없는 본질이 있는 그대로 드러난다.

토리노 시내로 들어섰다. 포 강을 따라 북으로 이어지는 강변도로를 달리면 왼편으로 토리노 시의 모습이 조금씩 선명하게 들어온다. 가로수 길도 인상적이고, 건물들도 가지런하다. 1888년 4월 5일 토리노에 처음 왔을 때 니체도 그렇게 느꼈다.

도시는 형언할 수 없을 정도로 호감이 갑니다. 토리노는 내가 좋아하는 유일한 대도시이지요. 조용하고 물러나 있는 그 무엇이 나의 본능을 들뜨게 합니다. 나는 품위 있는 거리들을 황홀하게 걸어 다닙니다. 도대체 세상

어디에 그런 포장도로가 있을까요! 나의 발과 또한 나의 눈을 위한 천국![5]

첫인상이 좋다. 나도 토리노가 좋아질 것 같은 예감이 든다.

*

도시의 선이 굵다. 도로는 이탈리아의 다른 도시들보다 넓다고 할 수 없지만 계획된 것처럼 바둑판같이 잘 정리되어 있다. 도로변의 가로수들이 높은 키를 자랑하며 그늘을 드리워서 그런지 거리 풍경이 전체적으로 안온하다. 오늘날 대도시들이 다 그런 것처럼 여기서도 주차 공간을 찾는 것이 너무 어렵다. 도심을 몇 번 돌고 나서야 비로소 빈자리를

니체가 경탄해 마지않은 토리노의 포장도로

하나 발견했다. 수고에 대한 보상이기라도 한 듯 나무 그늘 아래였다. 도시를 선회할 때는 조금 짜증도 났지만, 도시의 모습은 인상적이었다. 건물과 광장, 그리고 니체가 찬탄해 마지않은 돌로 포장된 도로와 가로수는 도시적이면서도 전원적이었다.

토리노는 햇볕이 따가운 대낮에도 기분 좋게 걸을 수 있다. 이곳 사람들은 다른 도시의 사람들보다 조금은 더 천천히 걷는 것 같다. 도시가 커지면 커질수록 눈에는 살기가 돌고 걸음은 더 빨라진다고 한다. 천천히 걷는다는 것은 마음의 여유가 있다는 뜻이다. 도심의 인도는 대부분 아케이드로 되어 있다. 아치형 기둥들을 세워 지붕을 얹은 인도의 대리석 바닥은 사람들의 발길에 닳아 반질반질 빛이 난다. 아케이드 인도를 따라 상점이 늘어서 있어 쇼윈도를 보는 재미로 발걸음은 점점 더 늦어진다. 토리노에서는 아케이드가 광장과 광장을 연결하기 때문에 도로를 건널 때를 제외하고는 그늘 속에서 산보를 할 수 있다.

도시의 산보. 하는 일 없이, 특별한 목적 없이 이런저런 것을 관찰하며 도시를 배회하는 것을 산보라고 할 수 있을까. 그것은 분명 19세기에 도시가 발전하면서 새롭게 등장한 문화적 현상이다. 도시 산보를 프랑스어로는 플라네flâner라고 한다. 익명의 도시 사람들 속에 섞여 대도시의 거리와 파사주를 걸어 다니며 생각할 거리와 이야깃거리를 찾는 것을 가리켜 문학가들은 '플라네'라고 했다. 도시의 산보객은 무리를 따라 움직이지만 지적인 정서를 갖고 작은 관찰을 통해 스스로를 성찰한다. 그는 기꺼이 스스로를 보여주고, 약간의 무관심이 담긴 시선으로 다른 사람을 관찰한다. 그들에게 중요한 것은 작은 관찰을 통한 삶의 예술이다. 토리노의 아케이드는 이런 사람들에게 안성맞춤이다.

니체도 평생 온몸으로 찾아다녔던 자신을 정리하고 삶의 예술, 아니

토리노의 아케이드

삶을 아름답게 마감할 수 있는 예술을 창조하기 위해 이곳을 마지막 거처로 선택했을지도 모른다. 그가 이곳으로 올 때는 이미 마지막을 예감하고 있었다. 초인 사상, 권력에의 의지와 함께 모든 가치를 근본적으로 뒤집으려는 가치 전도의 실험을 수반하는 열정은 생의 마지막일 것이라는 예감으로 더욱 뜨거웠고, 삶이 끝날 수 있다는 두려움이 항상 이 사유의 길을 따라다녔다. 생각을 정리하려면 걸어야 한다.

니체가 걸었던 길을 걸어본다.

그 밖에도 훌륭한 극장이 있습니다. 이탈리아어나 프랑스어로 공연됩니다. 내가 여기에 있다는 것을 축하하기 위한 카르멘은 얼마나 적당한지 (이집트를 암시해서 죄송합니다만, 피라미드와 같은 성공입니다). 이전 세기의 궁전들이 있는 조용한 거리들로 이루어진 진지하고, 거의 호탕한 생각을 품고 있는 세계는 귀족적입니다. 나도 카리냐노 궁전Palazzo Carignano 맞은편, 예전엔 사법부가 들어 있던 궁전에 살고 있습니다. 토리노의 아이스크림과 초콜릿. 세 가지 언어의 책들을 다루는 서점, 대학, 훌륭한 도서관, 참모부의 소재지. 빼어나게 아름다운 가로수 길을 가진 도시. 비할 데 없는 포 강변의 풍경. 길이가 10,020미터나 되는 사치스러운 회랑을 가진 이 도시는 이탈리아에서 월등하게 가장 쾌적하고, 가장 깨끗하고, 공간이 가장 시원하게 넓은 도시입니다.[6]

아치형 기둥들 위에 지붕이 덮여 있는 회랑을 이탈리아어로 포르티코portico라고 한다. 니체가 사치스럽다고 표현한 토리노의 이런 회랑은 10킬로미터나 이어져서 토리노의 중요한 건물과 광장은 모두 회랑으로 통한다. 도시가 이런 규모로 발전할 수 있었다는 것은 힘과 권력이 대단했다는 것을 뜻한다. 제노바가 권력의 표현인 것처럼 토리노도 권력의 산물임에 틀림없다. 토리노는 13세기 말에 사보이 공국에 편입되어 사보이 공국의 지배를 받았다. 알프스 서부, 현재는 프랑스에 속한 지역에 위치했던 사보이 공국은 토리노를 근본적으로 다시 건립하기 시작하여 여기에 수많은 정원과 궁전을 세웠다. 1404년에는 토리노 대학이 설립되었고, 1563년 사보이 공국의 수도가 프랑스 샹베리에서 이곳 토리노로 바뀌면서 도시가 오늘날의 모습을 갖추게 되었다.

토리노는 4세기 반의 전통을 가지고 있으면서도 상당히 현대적이다. 대부분의 이탈리아 도시 국가들이 그랬던 것처럼 사보이 공국도 수많은 전쟁과 분쟁을 치른다. 1848년 사보이 왕국의 왕 카를로 알베르토는 훗날 통일 이탈리아 헌법의 기초가 되는 헌법을 선포하고, 오스트리아에 대항한 독립 전쟁에서 주도적 역할을 담당했다. 그의 아들이며 후계자인 비토리오 에마누엘레 2세는 결국 1861년 3월 17일 통일 이탈리아의 입헌군주 헌법에 따라 통일 이탈리아 최초의 왕이 되었다. 이후 토리노는 1865년까지 이탈리아 왕국의 수도이기도 했다. 그래서인지 도시는 어떤 기품이 있다. 많은 사람들은 권력을 증오하지만, 권력은 문화를 낳는다. 권력은 항상 스스로를 표현할 수 있는 문화적 수단을 찾기 때문일 것이다. 궁전, 공원, 건물, 의례 그리고 다양한 상징들. 사람도 인정받기 위해 스스로를 표현할 수 있는 다양한 수단을 찾는 것은 아닐까?

피아차 델레 레푸블리카, 팔라초 레알레, 팔라초 마다마, 팔라초 카리냐노, 피아차 카를로 알베르토, 비아 포, 피아차 비토리오 베네토. 발음하기 힘든 궁전과 광장들이 회랑을 통해 연결된다. 회랑 뒤로 연결되는 골목길도 정취가 있다. 광장의 곳곳에 숨어 있는 카페들이 산보로 지친 사람들을 유혹한다. 토리노는 본래 초콜릿으로 유명하다. 17세기 말에 이미 매일 350킬로그램의 코코아를 수출했다고 하니 코코아를 이용한 과자가 얼마나 발전했을지 짐작이 간다. 오늘날 유럽의 어린아이들이 즐겨 먹는 누텔라도 이곳에서 만들어졌다고 한다. 나폴레옹 전쟁으로 코코아 재고가 바닥나자 개암나무 열매 분말을 코코아에 섞어 코코아 맛이 나는 크림을 만들었는데 이것이 누텔라라고 한다. 오후에 광장의 카페에 앉아 라테 마키아토 한 잔에 달콤한 과자 하나를 곁들이면 피로가 저절로 풀리는 것 같다.

니체가 살았던 곳이 가까워온다. 피아차 카를로 알베르토('카를로 알베르토 광장'). 니체는 이곳에서 자신의 삶을 마지막으로 정리한다. 어쩌면, 삶 자체가 그를 정리했는지도 모르겠다. 니체는 자신의 거처에 대단히 만족한다.

여기에서는 매일매일이 대단히 완벽하게 태양의 밝은 빛으로 시작됩니다. 노란색으로 환하게 빛나는 아름다운 나뭇잎, 부드럽게 파란 하늘과 커다란 강, 매우 깨끗한 공기.—내가 보리라고는 꿈에조차 생각하지 못했던 클로드 로랭Claude Lorrain의 한 화폭과 같습니다. 과일들, 갈색으로 맛이 든 포도, 그것도 베네치아보다 쌉니다. 모든 면에서 나는 여기서 살 가치가 있다고 생각합니다. 최고의 카페 중에서도 최고의 카페, 작은 병 하나의 커피가 어찌 이런 일이 있을 수 있는지 20센트에 불과합니다. 그리고 토리노에서는 팁을 주지 않습니다. 나의 방은 중심가 최고의 위치에 있습니다. 아침 일찍부터 오후까지 해가 들고, 카리냐노 궁전과 카를로 알베르토 광장이 내려다보이고, 그 너머로 푸른 산들이 보입니다. 구두를 닦아주는 서비스까지 포함하여 월 25프랑입니다. 식당에서 매끼마다 1프랑 15센트를 내는데, 나는 10센트를 더 얹어 줍니다. 이는 이곳에서 뜻밖의

카를로 알베르토 광장. 가운데 건물이 니체가 살았던 집이다. 이곳 베란다에서 니체는 광장을 내려다 보았다.

일로 받아들여집니다.[7]

 카를로 알베르토 광장은 토리노의 다른 광장들에 비해 작은 편이라서 그런지 아늑한 분위기를 풍긴다. 네모반듯한 광장은 모두 높은 건물들로 둘러싸여 있다. 건물 아래층에는 카페와 트라토리아 식당들이 있다. 파라솔이 펼쳐져 있는 노천카페에서 에스프레소를 한 잔 시키고 니체의 모습을 상상해본다. 그는 왜 이곳에서 정신을 놓고 발작을 일으킨 것일까? 끝까지 모든 가치의 전도를 위해 치열하게 사유했던 그가 무너진 것은 무엇 때문일까? 니체는 1888년 늦가을부터 이미 광기의 조짐을 보였다고 한다. 집주인 에르네스토 피노에 따르면 니체의 기분과 행동이 시시각각으로 변했다는 것이다. 니체의 말은 토막이 나고 연결이 되지 않아 아무런 의미도 없었다. 시내에서 큰 축제가 열리는데 그때 왕과 왕비가 자신을 방문할 것이기 때문에 방을 꾸며야 한다는 허황된 말도 했다고 한다. 삶과 세계의 의미를 하나의 낱말로 포착하고자 했던 철학자 니체는 점점 더 의미 없는 미친 사람의 말 속에 사라지고 있었던 것이다.

니체는 점점 더 스스로를 구원자로 생각하게 된다. 차라투스트라가 시간을 골목길에 비유한 것처럼 과거로 가는 길과 미래로 가는 길이 만나는 이곳 카를로 알베르토 광장에서 니체의 삶은 끝나는 것일까? 별은 죽어갈 때 가장 밝게 빛난다. 그는 깊은 잠에 빠지기 전 어떤 사상을 세상에 분만한 것일까? 니체는 1888년 12월 26일 열 시간이나 계속해서 잠을 잔다. 영혼의 완전한 정적. 바로 다음 날인 1888년 12월 27일, 철학사상 가장 비극적이고 가장 유명한 정신 착란의 사건이 발생한다.

카리냐노 궁전 앞에는 사람들의 무리가 모여 있다. 니체는 사람들이 광장에 왜 모여 있는지 알아보려는 순간 말 한 마리를 발견한다. 말은 끌어야 하는 마차가 너무 무거워서인지 애써 앞으로 나가려 하지만 그때마다 미끄러지곤 한다. 마부는 화를 내며 이 불쌍한 짐승을 채찍으로 사정없이 갈겼다. 불가능한 것을 요구받아도 어쩔 수 없이 해야만 하는 경우에 대체로 그렇듯이 이 짐승은 절망스럽게 무릎을 꿇는다. 그것은 참으로 비참한 광경이었다. 니체는 마부에게 다가가 어찌 짐승을 그렇게 괴롭히느냐고 따지려 했다. 어떤 면에서나 마부보다 나을 수도 있는 짐승을 어찌 학대할 수 있단 말인가! 니체는 내면에서 끓어오르는 분노를 느낀다. 그는 마부의 채찍을 잡아채어 오히려 그를 갈기고 싶은 강한 충동을 느낀다. 그러나 그것도 한순간, 니체의 용기는 흔적 없이

사라져버리고 그는 흐느끼기 시작했다. 니체는 말의 머리를 부둥켜안
고 떨어지지 않으려 했다. 몇몇 사람들이 니체를 붙잡으려 하고 마부가
낯선 사람의 돌발적인 행동에 놀라 그에게 도움의 손길을 내미는 순간
니체는 분노의 소리를 지르기 시작했다. 그는 그 불쌍한 짐승이 자신의
형제라고 하면서 세계를 저주했다. 이렇게 서양 철학을 그 근본으로
부터 전복시킨 한 철학자가 정신을 놓고 깊은 잠에 빠진다.

　카를로 알베르토 광장은 한 철학자의 비극적인 에피소드조차 모른다
는 듯 조용하고 온화하다. 광장을 나서 비아 포 거리를 따라 니체가 즐
겨 산책했던 포 강가로 걸어간다. 본래는 유태교 예배당이었다가 지금
은 박물관으로 사용되는 이상한 모습의 몰레 안토넬리아나가 눈에 띤

니체의 "카페 중의 카페". 이곳에서 니체는 무엇을 생각했을까?

토리노의 상징 몰레 안토넬리아나

다. 건축가가 원래 계획되었던 것보다 자꾸 높이 지으려 한 탓에 균형이 깨진 이상한 모습이 되었지만, 지금은 이런 종류의 건물로는 유럽에서 제일 높아 토리노의 상징이 되었다니 우스꽝스러운 일이다. 몰레 안토 넬리아나는 인근에 토리노 대학이 있어 젊음의 생기가 돈다. 조금 있으 니 비토리오 베네토 광장 너머에서 284미터의 푸른 언덕이 눈에 들어 온다. 서울의 남산처럼 이곳에 오르면 토리노 전경을 만끽할 수 있다. 포 강은 지금도 푸른빛으로 도도히 흐른다. 사람이 생각하든, 생각하다 미치든, 생각하지 않고 정신없이 살든 자연은 상관하지 않고 자신의 길을 간다. 사람의 문제는 사람이 해결할 수 있을 뿐이다.

*

나의 사랑하는 공주 아리아드네에게,

내가 인간이라는 것은 편견입니다. 그렇지만 나는 자주 인간들 사이에서 살았고, 인간이 체험할 수 있는 모든 것을 알고 있습니다. 가장 천박한 것에서 가장 높은 것에 이르기까지. 나는 인도인들 사이에서는 붓다였고, 그리스에서는 디오니소스였습니다. 알렉산드로스와 카이사르는 나의 재생입니다. 셰익스피어와 베이컨 경 같은 시인들도 마찬가지입니다. 끝으로 나는 볼테르와 나폴레옹이고, 어쩌면 리하르트 바그너이기도 합니다. 그러나 이번에 나는 지구를 축제의 날로 만들게 될 승리의 디오니소스로 올 것입니다. 내가 시간이 많아서 그런 것은 아닙니다. 하늘은 내가 존재하는 것을 기뻐합니다. 나는 또한 십자가에 매달렸습니다.[8]

카를로 알베르토 광장에서 말을 부둥켜안고 정신착란에 빠진 후 니체는 광기의 쪽지 편지를 보낸다. 어떤 때는 디오니소스로 서명하고, 어떤 때는 십자가 못 박혀 죽은 자로 서명한다. 니체는 도대체 어떤 일을 하다, 무엇에 열중하다 정신착란에 이르게 된 것일까? 야코프 부르크하르트에게 보낸 쪽지 편지는 하나의 단서를 제공한다.

최후에 나는 신이기보다는 바젤 대학 교수가 훨씬 더 좋았습니다. 그러나 나는 그 때문에 세계 창조를 중단할 정도로 나의 사적인 이기주의를 감히 내세울 수 없었습니다. 아시는 것처럼, 사람은 어디에서 어떻게 살든 희생을 치러야만 합니다.[9]

그가 정신적으로 죽을 때까지 매달린 일은 다름 아닌 세계의 창조이다. 세계를 창조하려면 우선 기존의 세계를 파괴해야 한다. 차라투스트라의 초인은 끊임없는 자기 극복을 가르친다. 예전의 나를 죽이지 않으면 새로운 내가 태어날 수 없다. 니체는 토리노에서 완전한 고독 속에서 구세계의 파괴를 마무리하고 새로운 세계를 창조하려 한다. 니체는 기존의 세계에 선전 포고를 한다. 니체는 마지막 전투를 위해 철저한 고독의 진지를 구축한다.

나는 점차 거의 모든 인간관계를 끊었습니다. 사람들이 나를 내가 존재하는 바와는 다른 것으로 간주한다는 사실에 구역질이 나 그렇게 했습니다. 이제는 당신 차례입니다.[10]

고독은 니체가 전쟁을 치르는 진지이고, 산보는 무기이다. 니체는 토리노에서 완벽한 진지를 구축하고 기존 질서에 대한 최후의 전쟁을 치른다. 산보를 하면서.

모든 가치의 전도. 이것을 내세우는 사람에게 그림자를 드리울 정도로 암담하고도 끔찍한 이 의문 부호. 이런 운명을 지닌 과제는 매 순간 태양에게 달려가라고 강요하고, 무거운 너무나도 무겁게 되어버린 진지함을 자기 자신에게서 떨어버리라고 강요한다. 그 과제를 위한 수단은 전부 정당하고, 모든 경우가 하나의 행운이다. 특히 전쟁이 그렇다. 지나치게 내면화되고 지나치게 심오해져버린 모든 정신이 했던 위대하고도 똑똑한 일이 바로 전쟁이었다.[11]

니체는 이제 망치를 들고 철학을 한다. 그가 토리노에서 마지막으로 쓴 글이 바로 《우상의 황혼 또는 망치를 들고 철학하는 법》이다. 니체는 연이어서 《바그너의 경우》, 《안티크리스트》, 그리고 《이 사람을 보라》를 쓴다. 새로운 사상을 발전시키지는 않지만 자신의 기존 사상의 매듭을 지으려 노력한다. 하나는 가치 전도를 통한 세계의 파괴이고, 다른 하나는 새로운 세계를 창조할 수 있는 실존 예술의 정립이다. 정신적 삶의 마지막 자락에서 그는 다시 한번 자신의 삶을 정리하는 자서전을 쓴다.

자신을 얻으려면 먼저 자신을 죽여야 한다. 자신을 죽인다는 것은 이제까지 자신을 만들어온 가치와 관습과 전통을 파괴하는 것이다. 니체는 우선 이성에 선전 포고를 한다. 우리가 자신을 찾아 몸의 언어에 귀를 기울이면 사람들은 예외 없이 이성을 따르라고 한다. 이성만으로는 결코 우리를 만들 수 없다. "가장 눈부신 햇빛, 어떤 대가를 치르든 이성적이라는 것, 밝고 냉정하고 신중하고 의식적이기는 해도 본능은 없으며, 본능에 대적하는 삶은 하나의 병일 따름이며, 또 다른 병일 따름이다. 이성은 본능에 맞서 싸우라고 하지만," 니체는 이성에 맞서 싸우라고 한다. "삶이 상승하는 한, 행복은 본능과 같은 것이다."12

우리의 몸이 시키는 대로 하지만 지나침이 없다면, 그것이 바로 진정한 삶의 모습이 아니겠는가?

니체는 소위 참된 세계에 대해서도 선전 포고를 한다. 어떤 사람은 참된 세계가 이렇다고 얘기하고, 어떤 사람은 참된 세계가 저렇다고 말한다. 보는 관점에 따라 달라지는 세계가 어떻게 참될 수 있단 말인가. 그런데 사람들은 끊임없이 참된 세계를 말한다. 그들은 본능적으로 참이 힘을 산출한다는 것을 알고 있는 사람들이다. 참된 세계에 있는 사람은 힘이 센 사람들이고, 힘센 사람들은 참된 세계를 만들어낸다. 권력이 진리를 창조한다.

생성과 소멸과 변화를 보여주는 한, 감각은 거짓말을 하지 않는다. 하지만 존재라는 것이 공허한 허구 중 하나라고 하는 한에서 헤라클레이토스는 영원히 옳다. 가상 세계가 유일한 세계이다. 참된 세계란 단지 가상 세계에 덧붙여서 날조된 것일 뿐이다.[13]

보이지 않는 것도 중요하지만, 보이는 것은 더욱 중요하다. 내가 나를 알지 못한다면 어쩌면 다른 사람들의 눈에 비친 나의 모습이 진정한 나일지도 모른다.

니체의 마지막 공격 대상은 도덕이다. 도덕은 열정과 정념을 증오한다. 탐욕, 시기, 질투, 이기심, 공격성과 잔인함. 언젠가 인간의 감정을 없애면 폭력과 전쟁이 사라질 것이라는 허무맹랑한 가정을 다룬 영화를 본 적이 있다. 감정이 없으면 과연 더 인간다운 세상이 될까? 감정의 거세가 문제가 아니라 감정을 어떻게 승화시키고 고양시킬 것인가가 더 중요한 문제가 아닐까? 우리가 증오해야 할 것은 어쩌면 감정을 왜곡시키는 도덕일지도 모른다.

열정을 그 뿌리부터 공격한다는 것은 삶을 그 뿌리부터 공격한다는 것을 의미한다.[14]

니체는 본능을 억압하는 이성을 공격하고, 가상을 경시하는 참된 세계를 폭로하고, 열정을 거세하는 도덕과 전쟁을 한다. 나의 본능과 열정을 긍정하지 않고 어떻게 존재하는 바의 내가 될 수 있단 말인가? 감정,

포 강과 토리노 시가 내려다보이는 카푸치니 산

본능, 열정, 정념. 이 모든 것은 바로 나의 몸이다. 현대인들은 몸을 끔찍하게 아끼면서도 몸의 소리는 경청하지 않는다. 그렇지만 자신의 몸을 수련하는 것이 자신을 얻는 길이다. 자신의 진정한 자아가 몸 밖에 있는 것도 아니고 몸 안에 있는 것도 아니다. 몸이 바로 자아이다. 우리모두는 몸으로 존재한다. 니체의 몸은 더 이상 자신의 정신을 견뎌낼 수 없게 된 것이다. 그렇지만 그는 죽을 때까지 자신이 추구했던 것을 놓지 않았기 때문에 니체가 된 게 아닐까?

니체는 어쩌면 너무 치열하게 자신의 사상을 살았는지 모른다. 그의몸이 조금 더 건강했다면 사상의 모습도 바뀌었을까? 그는 사실 자신의삶과 사상을 춤추는 것처럼 가볍게 살려고 했다.

나는 위대한 과제를 대하는 방법으로 유희보다 더 좋은 것을 알지 못한다. 이것이 바로 위대함의 징표이자 본질적인 전제 조건이다.

차라투스트라의 광대가 줄타기를 할 때에도 유희하듯이 한다면 위험이 조금은 줄어들지 않을까? 우리의 삶 자체가 끊임없이 극복되어야 할 위험이라면, 우리는 위험 자체를 인정하고 놀이하듯 살아야 하는 것은 아닌가. 그것이 바로 니체의 차라투스트라가 가르치고자 한 운명애이다.

인간에게 있는 위대함에 대한 내 정식은 아모르 파티amor fati, 운명애다. 앞으로도, 뒤로도, 영원토록 다른 것은 갖기를 원하지 않는다는 것. 필연적인 것을 단순히 감당하기만 하는 것이 아니고, 은폐는 더더욱 하지 않으며. 모든 이상주의는 필연적인 것 앞에서는 허위다. 오히려 그것을 사랑하는 것.[15]

니체에게도 유희는 희망이었지 현실은 아니었다. 그가 운명을 유희할 수 있었다면 정신착란을 일으키지 않았을 것이다. 이 세계는 권력에의 의지일 뿐 그 밖의 다른 무엇도 아니라는 사실을 통찰한 차라투스트라는 춤을 춘다. 니체도 디오니소스처럼, 인도의 시바 여신처럼 춤을 추고 싶어 했다. 니체가 머물렀던 집 여주인은 어느 날 니체의 방 안에서 노랫소리가 들려 열쇠 구멍으로 안을 들여다보았다고 한다. 방 안에서 니체는 "발가벗고 춤을 추고"[16] 있었다. 춤추는 나신의 니체. 이것이 니체에겐 자신을 잃어버리는 광기의 시작이지만, 우리에겐 자신을 얻을 수 있는 길의 시작이다. 자신의 모든 것을 긍정할 때 비로소 우리는 자신을 찾을 수 있다. 자신의 모든 것을 긍정하려면, 우선 자신을 감추고 있는 편견을 망치로 부숴야 한다. 그것이 니체의 차라투스트라를 찾아 나선 길에서 얻은 교훈이다. 자기를 버려야 자신을 얻는다. 니체 덕분에 커피 향이 매혹적으로 흐르는 회랑의 도시 토리노를 발견했다. 포 강을 다시 건너 시내로 가는 발걸음이 조금은 가벼워졌다.

최후의 의지.
언젠가 내가 본 친구의 죽음처럼
그렇게 죽는다.
그 친구의 번개와 시선은
신처럼 내 어두운 청년기에 던져졌다.
방자하고도 깊이 있게,
전쟁터에서 춤추는 자.

전사들 중에서 가장 쾌활한 자,
승리자들 중에서 가장 어려운 자,
자기의 운명 위에 하나의 운명으로 서서
엄격하고, 앞뒤를 깊이 생각하며.

자기가 승리한 것에 전율하고,
자기가 죽어가면서 승리한 것에 환호하면서.

언젠가 내가 본 친구의 죽음처럼
그렇게 죽는다,
승리하며, 파괴하며.[17]

약어표

KSA Friedrich Nietzsche, *Sämtliche Werke. Kritische Studienausgabe in 15 Bänden*, (hrsg. v.) Giorgio Colli · Mazzino Montinari(München · Berlin · N.Y. : de Gruyter · dtv, 1980)

KSB Friedrich Nietzsche, *Sämtliche Briefe. Kritische Studienausgabe in 8 Bänden*, (hrsg. v.) Giorgio Colli · Mazzino Montinari(München · Berlin · N.Y. : de Gruyter · dtv, 1986)

J Friedrich Nietzsche, *Jugendschriften in fünf Bänden*, (hrsg. v.) Hans Joachim Mette(München : 출판사, 1994)

GT *Die Geburt der Tragödie*(비극의 탄생)

PHG *Die Philosophie im tragischen Zeitalter der Griechen*(그리스 비극 시대의 철학)

WL *Ueber Wahrheit und Lüge im aussermoralischen Sinne*(비도덕적 의미에서의 진리와 허위에 관하여)

SE *Schopenhauer als Erzieher*(=Unzeitgemäße Betrachtungen III)(교육자로서의 쇼펜하우어 : 반시대적 고찰 III)

HL *Vom Nutzen und Nachteil der Historie für das Leben*(=Unzeitgemäße Betrachtungen I)(삶에 대한 역사의 공과 : 반시대적 고찰 II)

DS *David Strauss*(=Unzeitgemäße Betrachtungen I)(다비드 슈트라우스 : 반시대적 고찰 I)

MA I *Menschliches, Allzumenschliches I*(인간적인 너무나 인간적인 I)

MA II *Menschliches, Allzumenschliches II*(인간적인 너무나 인간적인 II)

M   *Morgenröthe*(아침놀)

FW   *Die fröhliche Wissenschaft*(즐거운 학문)

Za   *Also sprach Zarathustra*(차라투스트라는 이렇게 말했다)

JGB   *Jenseits von Gut und Böse*(선악의 저편)

GM   *Zur Genealogie der Moral*(도덕의 계보)

WA   *Der Fall Wagner*(바그너의 경우)

GD   *Götzen-Dämmerung*(우상의 황혼)

AC   *Der Antichrist*(안티크리스트)

EH   *Ecce Homo*(이 사람을 보라)

DD   *Dionysos-Dithyramben*(디오니소스 송가)

니체전집 1   《언어의 기원에 관하여 · 이러한 맥락에 관한 추정 · 플라톤의 대화
             연구 입문 · 플라톤 이전의 철학자들 · 아리스토텔레스 수사학 I ·
             유고(1864년 가을~1868년 봄)》, 김기선 옮김(책세상, 2002)

니체전집 2   《비극의 탄생 · 반시대적 고찰》, 이진우 옮김(책세상, 2005)

니체전집 3   《유고(1870년~1873년)》, 이진우 옮김(책세상, 2001)

니체전집 4   《유고(1869년 가을~1872년 가을)》, 최상욱 옮김(책세상, 2001)

니체전집 5   《유고(1872년 여름~1874년 말)》, 이상엽 옮김(책세상, 2002)

니체전집 6   《바이로이트의 리하르트 바그너 · 유고(1875년 초~1876년 봄)》,
             최문규 옮김(책세상, 2005)

니체전집 7   《인간적인 너무나 인간적인 1》, 김미기 옮김(책세상, 2001)

니체전집 8   《인간적인 너무나 인간적인 2》, 김미기 옮김(책세상, 2002)

니체전집 9   《유고(1876년~1877/78년 겨울) · 유고(1878년 봄~1879년
             11월)》, 강용수 옮김(책세상, 2005)

니체전집 10   《아침놀》, 박찬국 옮김(책세상, 2004)

니체전집 11   《유고(1880년 초~1881년 봄)》, 최성환 옮김(책세상, 2004)

니체전집 12 《즐거운 학문·메시나에서의 전원시·유고(1881년 봄~1882년
　　　　　여름)》, 안성찬·홍사현 옮김(책세상, 2005)
니체전집 13 《차라투스트라는 이렇게 말했다》, 정동호 옮김(책세상, 2000)
니체전집 14 《선악의 저편·도덕의 계보》, 김정현 옮김(책세상, 2002)
니체전집 15 《바그너의 경우·우상의 황혼·안티크리스트·이 사람을 보라·
　　　　　디오니소스 송가·니체 대 바그너》, 백승영 옮김(책세상, 2002)
니체전집 16 《유고(1882년 7월~1883/84년 겨울)》, 박찬국 옮김(책세상, 2001)
니체전집 17 《유고(1884년 초~가을)》, 정동호 옮김(책세상, 2004)
니체전집 18 《유고(1884년 가을~1885년 가을)》, 김정현 옮김(책세상, 2004)
니체전집 19 《유고(1885년 가을~1887년 가을)》, 이진우 옮김(책세상, 2005)
니체전집 20 《유고(1887년 가을~1888년 3월)》, 백승영 옮김(책세상, 2000)
니체전집 21 《유고(1888년 초~1889년 1월 초)》, 백승영 옮김(책세상, 2004)

인용문 출처

1장

1 FW V 299, KSA 3, 538쪽. 니체전집 12, 276쪽.

2 MA I, Vorrede 6, KSA 2, 20쪽. 니체전집 7, 17~18쪽.

3 디오니소스적 세계관, 니체전집 3, 57쪽.

4 디오니스소적 세계관, 니체전집 3, 60쪽.

5 니체전집 21, 14〔47〕, 45쪽.

6 니체전집 21, 14〔46〕, 44쪽.

7 KSA 4, 285~286쪽. 니체전집 13, 370~371쪽.

2장

1 Friedrich Nietzsche, *Aus meinem Leben*(Bucha bei Jena : quartus-Verlag, 2006), 3쪽.

2 *Aus meinem Leben*, 17쪽.

3 *Aus meinem Leben*, 18쪽.

4 *Aus meinem Leben*, 25쪽.

5 즐거운 학문, 니체전집 12, 297쪽.

6 Friedrich Nietzsche, *Sämtliche Briefe. Kritische Studienausgabe in 8 Bänden* (München, 1986), 2, 322쪽.

7 B 2, 332, 27. 1868년 10월.

8 J 4, 126쪽.

9 J 5, 250쪽.

10 B 2, 61쪽.

11 Friedirch Nietzsche, *Werke und Briefe. Historisch-kritische Gesamtausgabe*, (hrsg. v.) H. J. Mette(München 1933~42), Bd. 3, 297~298쪽.

12 Arthur Schopenhauer, *Die Welt als Wille und Vorstellung*(Köln, 1997), Zweiter Band, §. 68.

13 B 2, 322.

14 SE 1, KSA 340쪽.

15 EH, KSA 6, 255쪽. 니체전집 15, 321쪽.

16 SE, KSA 1, 340쪽.

17 SE, KSA 1, 340쪽.

18 SE, KSA 1, 360쪽.

19 SE 3, KSA 1, 359쪽.

20 SE 4, KSA 1, 371쪽.

3장

1 EH, KSA 6, 365쪽. 니체전집 15, 456쪽.

2 *Aus meinem Leben*, 4쪽.

3 WL, KSA 1, 875쪽. 니체전집 3, 443쪽.

4 JGB 289, KSA 5, 234쪽. 니체전집 14, 307쪽.

5 1901년 니체에게서 영향을 많이 받는 상징주의 조각가 막스 클링거 Max Klinger가 친구 후멜A. Hummel에게 보낸 편지.

6 *Aus meinem Leben*, 4쪽.

7 *Aus meinem Leben*, 3쪽.

8 *Aus meinem Leben*, 6쪽.

9 *Aus meinem Leben*, 7쪽.

10 1889년 1월 5일 야코프 부르크하르트에게 보낸 편지.

11 1889년 1월 6일 부르크하르트에게 보낸 편지.

12 *Aus meinem Leben*, 8쪽.

13 J 2, 120쪽.

14 *Aus meinem Leben*, 9쪽.

15 "Von der Armut des Reichsten, Dionysos-Dithyramben", KSA 6, 407쪽. 니체전집 15, 509쪽.

16 *Aus meinem Leben*, 12쪽.

17 *Aus meinem Leben*, 16쪽.

18 J 2, 3쪽.

19 J 2, 10쪽.

20 J 2, 24쪽.

21 J 1, 31쪽.

22 J 1, 278쪽.

23 J 2, 59쪽.

24 GM, Vorrede 1, KSA 5, 248쪽. 니체전집 14, 337~338쪽.

25 *Aus meinem Leben*, 31쪽.

4장

1 오토 아이저Otto Eiser에게 보낸 편지, B6, 3.

2 페터 가스트에게 보낸 편지. B 5, 389.

3 MA II, Vermischte Meinugnen und Sprüche 16, KSA 2, 386쪽. 니체전집 8, 30쪽.

4 KSA 10, 16(86), 530쪽. 니체전집 16, 700쪽.

5 FW, KSA 3, 365쪽. 니체전집 12, 56쪽.

6 Lou Andreas-Salome, *Lebensrückblick. Grundriß einiger Lebenserinnerungen* (Frankfurt am Main : Insel, 1974), 81쪽.

7 리하르트 바그너에게 쓴 편지, B 3, 8.

8 Richard Wagner, *Mein Denken*(München/Zürich, 1982), 362쪽.

9 WB 4, KSA 1, 453쪽. 니체전집 6, 36～37쪽.

10 WB 4, KSA 1, 453쪽. 니체전집 6, 37쪽.

11 *Richard Wagner in Bayreuth. Unzeitgemäße Betrachtungen* 4, KSA 1, 448쪽. 니체전집 6, 31쪽.

12 FW 7, KSA 6, 27쪽. 니체전집 15, 37쪽.

13 FW 7, KSA 6, 27쪽. 니체전집 15, 37쪽.

14 소피 리츨Sophie Ritschl에게 보낸 편지, B2, 299.

15 Richard Wagner in Bayreuth, 11, KSA 1, 507쪽. 니체전집 6, 102쪽.

16 오토 아이저에게 보낸 편지, B6, 3.

17 FW 276, KSA 3, 521쪽. 니체전집, 12, 255쪽.

18 Dionysos-Dithyramben, Klage der Ariadne, KSA 6, 398～401쪽. 니체전집 15, 497～502쪽.

19 DD, Klage der Ariadne, KSA 6, 398～401쪽. 니체전집 15, 497～502쪽.

20 KSA 10, 125쪽.

5장

1 *Also sprach Zarathustra. Ein Buch für Alle und Keinen*, KSA 4. 니체전집 13.

2 FW 322, KSA 3, 552쪽. 니체전집 12, 293쪽.

3 AC 57, KSA 6, 243쪽. 니체전집 15, 305쪽.

4 하인리히 쾨젤리츠에게 보낸 편지, 1881년 7월 8일, B 6, 99～100쪽.

5 하인리히 쾨젤리츠에게 보낸 편지, 1879년 9월 11일, B 5, 441쪽.

6 칼 폰 게르스도르프Carl von Gersdorff에게 보낸 편지, 1883년 6월 말, B 6, 386쪽.

7 Paul Raabe, *Spaziergänge durch Nietzsches Sils-Maria*(Zürich-Hamburg : Arche, 1994), 22쪽.

8 KSA 4, 285~286쪽. 니체전집 13, 370~371쪽.

9 EH, KSA 6, 335쪽. 니체전집 15, 419쪽.

10 하인리히 쾨젤리츠에게 보낸 편지, 1881년 8월 14일, B6, 112쪽.

11 하인리히 쾨젤리츠에게 보낸 편지, 1883년 9월 3일, B6, 444쪽.

12 EH, KSA 6, 336쪽. 니체전집 15, 420쪽.

13 FW 341, KSA 3, 570쪽. 니체전집 12, 314~315쪽.

14 Za III, Vom Gesicht und Räthsel 2, KSA 4, 199~200쪽. 니체전집 13, 257쪽.

15 KSA 12, 7(38), 307쪽. 니체전집 19, 374쪽.

16 FW, Lieder des Prinzen Vogelfrei, KSA 3, 649쪽. 니체전집 12, 414~415쪽.

6장

1 Lou Andreas-Salomé, *Nietzsche in seinen Werken*(Frankfurt am Main und Leipzig : Insel, 2000), 301쪽.

2 Curt Paul Janz, *Friedrich Niedtzsche. Biographie*, 3 Bde(München, 1978~79), Bd. 2, 121쪽.

3 프란츠 오버베크에게 보낸 편지, 1882년 3월 17일, B 6, 180쪽.

4 파울 레에게 보낸 편지, 1882년 3월 21일, B 6, 185쪽 이하.

5 Curt Paul Janz, *Friedrich Nietzsche. Biographie*, Bd. 2, 123쪽.

6 Curt Paul Janz, *Friedrich Nietzsche. Biographie*, Bd. 2, 125쪽.

7 말비다 폰 마이젠부크에게 보낸 편지, 1882년 7월 13일, B 6, 223쪽 이하.

8 루 살로메에게 보낸 편지, 1882년 6월 26일, B 6, 211쪽.

7장

1 Za, IV, Das Honig-Opfer, KSA 4, 296쪽. 니체전집 13, 384쪽.

2 MA II, 203, KSA 2, 641쪽. 니체전집 8, 349쪽.

3 MA II, 202, KSA 2, 349쪽. 니체전집 8, 349쪽.

4 MA II, *Vermischte Meinung und Sprüche* 120, KSA 2, 429쪽. 니체전집 8, 83쪽.

5　GM, II 24, KSA 5, 335쪽. 니체전집 14, 446쪽.

6　Peter Sloterdijk, *Im Weltinnenraum des Kapitals*(Frankfurt am Main : Suhrkamp, 2005), 26쪽.

7　AC 40, KSA 6, 213쪽. 니체전집 15, 269쪽.

8　AC 40, KSA 6, 213쪽. 니체전집 15, 269쪽.

9　AC 39, KSA 6, 211쪽. 니체전집 15, 266쪽.

10　FW, III 125, KSA 3, 480~481쪽. 니체전집 12, 199~200쪽.

11　FW, III 125, KSA 3, 480~481쪽. 니체전집 12, 200쪽.

12　FW, IV 335, KSA 3, 563쪽. 니체전집 12, 307쪽.

13　Lou Andreas-Salomé, *Nietzsche in seinen Werken*, 61쪽.

14　Lou Andreas-Salomé, "Gottresschöpfung," *Freie Bühne für den Entwick-elungskampf der Zeit*(1892), 169~179 · 169쪽.

15　Lou Andreas-Salomé, *Lebensrückblick. Grundriß einiger Lebenserinnerungen*, (hrsg. v.) Ernst Pfeiffer(Frankfurt am Main · Leipzig : Insel, 1974), 15쪽.

16　Lou Andreas-Salomé, *Lebensrückblick. Grundriß einiger Lebenserinnerungen*, 20쪽.

17　MA I, *Vorrede* 6, KSA 2, 20쪽. 니체전집 7, 17~18쪽.

18　MA I, *Vorrede* 4, KSA 2, 18쪽. 니체전집 7, 15쪽.

19　Friedrich Nietzshe · Paul Rée · Lou von Salomé, *Die Dokumente ihrer Begegnung. Auf der Grundlage der einstigen Zusammenarbeit mit Karl Schlechta u. Erhart Thierbach*, (hrsg. v.) Ernst Pfeiffer(Frankfurt am Main, 1970), 211쪽.

20　KSA 9, 19(8), 676쪽. 니체전집 12, 719~720쪽.

8장

1　프란치스카와 엘리자베트 니체에게 보낸 편지. 1880년 11월 24일, B 6, 51.

2　프란츠 오버베크에게 보낸 편지, 1880년 10월 31일, B 6, 43.

3　FW, IV 291, KSA 3, 531쪽. 니체전집 12, 267쪽.

4　FW, IV 291, KSA 3, 532쪽. 니체전집 12, 267~268쪽.

5 FW, Lieder des Prinzen Vogelfrei, KSA 3, 649쪽. 니체전집 12, 414쪽.

6 FW, V 382, KSA 635~636쪽. 니체전집 12, 392쪽.

7 FW, V 382, KSA 636쪽. 니체전집 12, 392쪽.

8 엘리자베트 니체에게 보낸 편지, 1881년 11월 18일, B 6, 142쪽.

9 하인리히 쾨젤리츠에게 보낸 편지, 1881년 11월 28일, B 6, 144쪽.

10 하인리히 쾨젤리츠에게 보낸 편지, 1881년 11월 28일, B 6, 144쪽.

11 FW, V 291, KSA 3, 532쪽. 니체전집 12, 268쪽.

12 프란치스카와 엘리자베트 니체에게 보낸 편지, 1881년 12월 21일, B 6, 150쪽.

13 프란치스카와 엘리자베트 니체에게 보낸 편지, 1881년 12월 21일, B 6, 150쪽.

14 Za II, Auf den glücklichen Inseln, KSA 4, 109쪽. 니체전집 13, 136~137쪽.

15 Za II, Auf den glücklichen Inseln, KSA 4, 109쪽. 니체전집 13, 136~137쪽.

16 ZA, Vorrede 5, KSA 4, 19. 니체전집 13, 23~24쪽.

17 ZA, Vorrede 5, KSA 4, 19쪽. 니체전집 13, 23쪽.

18 ZA, Vorrede 5, KSA 4, 19쪽. 니체전집 13, 23~24쪽.

19 FW, IV 276, KSA 3, 521쪽. 니체전집 12, 255쪽.

20 하인리히 쾨젤리츠에게 보낸 편지, 1883년 2월 1일, B6, 320~321쪽.

21 하인리히 쾨젤리츠에게 보낸 편지, 1883년 2월 1일, B6, 320~321쪽.

22 Za, Vorrede 4, KSA 4, 16~17쪽. 니체전집 13, 20쪽.

9장

1 GM, Vorrede, KSA 5, 247쪽. 니체전집 14, 338쪽.

2 GM, Vorrede, KSA 5, 247쪽. 니체전집 14, 338쪽.

3 MA II, Der Wanderer und sein Schatten 306, KSA 3, 689쪽. 니체전집 8, 409~410쪽.

4 라인하르트 폰 자이트리츠Reinhart von Seydlitz에게 보낸 편지, 1888년 5월 13일, B8, 313쪽.

5 프란츠 오버베크에게 보낸 편지, 1888년 4월 10일, B8, 292쪽.

6 라인하르트 폰 자이트리츠에게 보낸 편지, 1888년 5월 13일, B8, 313쪽.

7 하인리히 쾨젤리츠에게 보낸 편지, 1888년 10월 30일, B8, 461쪽.

8 코지마 바그너Cosima Wagner에게 보낸 편지, 1889년 1월 3일, B8, 572~573쪽.

9 야콥 부르크하르트Jacob Burckhardt에게 보낸 편지, 1889년 1월 6일, B8, 577~578쪽.

10 말비다 폰 마이젠부크에게 보낸 편지, 1888년 10월 20일, B8, 457쪽.

11 GD, Vorwort, KSA 6, 57쪽.

12 GD, Das Problem des Sokrates 11, KSA 6, 73쪽. 니체전집 15, 95쪽.

13 GD, Die "Vernunft" in der Philosophie 2, KSA 6, 75쪽. 니체전집 15, 98쪽.

14 GD, Moral als Widernatur 1, KSA 6, 83쪽. 니체전집 15, 105쪽.

15 EH, Warum ich so klug bin 10, KSA 6, 297쪽. 니체전집 15, 373~374쪽.

16 Anacleto Verrecchia, *Zarathustras Ende. Die Katastrophe Nietzsches in Turin* (Wien-Köln-Graz, 1986), 265쪽.

17 DD, Letzter Wille, KSA 6, 388쪽. 니체전집 15, 485쪽.

방랑자 니체의 여정 | 1879년 5월 12일~1889년 1월 9일

1879년	6월 21일~9월 16일	장크트 모리츠St. Moritz, 3개월
	9월 20일~12월 말	나움부르크 겨울 요양
1880년	2월 13일~3월 13일	가다 호수Riva del Garda, 4주
	3월 14일~7월 1일	베네치아, 3개월 반
	7월 초~8월 말	뵈멘의 마리엔바트Marienbad in Böhmen, 2개월
	10월 14일~11월 8일	마조레 호수 연안의 스트레사Stresa am Lago maggiore, 4주
	11월 10일~1881년 4월 말	제노바 첫 번째 체류, 4개월
1881년	5월 3일~7월 2일	레카오로Recaoro, 2개월
	7월 4일~10월 1일	질스마리아 첫 번째 체류, 3개월
	10월 2일~1882년 3월 29일	제노바, 6개월
1882년	3월 29일~4월 21일	메시나Messina, 3주
	4월 21일~4월 23일	메시나에서 로마로 여행
	4월 24일~5월 초	로마, 1주일
	5월 초~5월 8일	로마에서 오르타Orta를 거쳐 루체른Luzern으로 여행
	6월 25일~8월 27일	타우텐베레크Tautenberg에서 여름 휴가, 2개월

방랑자 니체의 여정 **275**

	11월 23일~ 1883년 2월 23일	이탈리아 라팔로Rapallo, 2개월
1883년	2월 23일~5월 3일	제노바, 10주
	5월 4일~6월 14일	로마
	6월 18일~9월 5일	질스마리아 두 번째 체류, 7주
	12월 2일~ 1884년 4월 20일	니스 첫 번째 체류, 4개월 반
1884년	4월 21일~6월 20일	베네치아
	7월 18일~9월 25일	질스마리아 세 번째 체류, 9주
	11월 28일~ 1885년 4월 8일	니스 두 번째 체류, 4개월
1885년	4월 10일~6월 6일	베네치아, 2개월
	6월 7일~9월 중순	질스마리아 네 번째 체류, 9주
	10월 27일~28일	나움부르크에서 여동생과 마지막 만남
	11월 11일~ 1886년 5월 초	니스 세 번째 체류, 5개월
1886년	6월 30일~9월 25일	질스마리아 다섯 번째 체류, 3개월
	10월 20일~ 1887년 4월 2일	니스 네 번째 체류, 5개월 반
1887년	4월 3일~27일	이탈리아 마조레 호수 연안의 카노비오Cannobbio
	6월 12일~9월 19일	질스마리아 여섯 번째 체류, 13주
	7월 8일~12일	렌처하이데, 나흘
	10월 23일~ 1888년 4월 2일	니스 다섯 번째 체류, 5개월
1888년	4월 5일~6월 5일	이탈리아 토리노 첫 번째 체류, 2개월
	6월 6일~9월 20일	질스마리아 일곱 번째이자 마지막 체류, 3개월 반

	9월 20일~21일	토리노로 여행

정신병 발작(1888년 12월 말~1900년 8월 24일)

1889년	1월 9일~10일	토리노에서 바젤로 이송
	1월 10일~17일	바젤 정신병원
	1월 17일~18일	바젤에서 예나로 이송
	1월 18일~ 1890년 3월 24일	예나 정신병원
1890년	5월 12일~ 1890년 7월 19일	나움부르크 집(Weingarten 18)
1897년	7월 20일~	바이마르
1900년	8월 24일	사망

니체 연보

1844년 10월 15일, 목사 카를 루트비히 니체와 이웃 고장 목사의 딸 프란치
스카 욀러 사이의 첫아들로 뢰켄에서 프리드리히 니체가 태어난다.
이 시기에 프랑스 파리에서는 카를 마르크스와 프리드리히 엥겔스
의 우정이 시작된다.

1846년 여동생 엘리자베트가 태어난다.

1848년 혁명이 발발한다. 아버지가 뇌질환을 앓기 시작한다. 남동생 루트비
히 요제프가 태어난다. 카를 마르크스의 《공산당 선언》이 출간된다.

1849년 아버지가 사망한다. 리하르트 바그너가 바쿠닌과 함께 드레스덴 봉
기에 참여한다. 이 봉기는 프로이센 황태자의 명에 따라 진압된다.

1850년 1월 9일, 아버지가 무덤에서 걸어 나와 남동생을 데리고 가는 꿈을
꾼 날 남동생이 사망한다. 가족과 함께 나움부르크로 이사한다. 엄
마, 할머니, 두 분의 이모, 여동생 이렇게 다섯 명의 여자들에게 둘러
싸인 생활이 시작된다. 그를 평범한 소년으로 교육시키려는 할머니
의 뜻에 따라 소년 시민학교에 입학하지만, 학교에 적응하지 못하고
곧 그만둔다.

1851년 칸디다텐 베버Kandidaten Weber라는 사설 교육 기관에 들어가 종교,
라틴어, 그리스어 수업을 받는다. 친구 크루크의 집에서 처음으로
음악을 알게 되고, 어머니에게서 피아노를 선물받아 음악 교육을
받기 시작한다.

1853년	1월, 성홍열을 앓는다. 가족들은 니체가 아버지처럼 목사가 되기를 바란다. 그는 돔 김나지움에 입학한다. 구스타프 크루크Gustav Krug, 빌헬름 핀더Wilhelm Pinder와의 우정이 시작된다. 할머니가 사망한다.
1855년	나움부르크 돔 김나지움 학생들에게 거지 시인으로 알려진 에른스트 오르틀레프Ernst Ortlepp가 예배 중에 소란을 피운 죄로 4개월 징역형을 선고받는다. 니체가 포르타 시절에 모은 시 앨범에는 오르틀레프의 시가 포함되어 있다.
1858년	14세 때 엘리트 김나지움 슐포르타Schulpforta에 입학해 철저한 인문계 교육을 받는다. 고전어와 독일 문학에서 탁월한 재능을 나타내며, 시도 쓰고, 음악 동아리를 만들어 교회 음악을 작곡할 정도로 음악적 관심과 재능도 보인다. 도수 높은 안경을 끼기 시작한다. 두통이 시작된다.
1862년	〈운명과 역사Fatum und Geschichte〉라는 글을 쓴다. 이것은 니체 사유의 방향을 암시한다.
1864년	7월 초, 거지 시인 오르틀레프가 길가 도랑에서 사망한 채 발견된다. 니체와 친구들이 묘비를 위한 모금을 한다. 슐포르타를 우수한 성적으로 졸업한다. 본 대학에서 1864/65년 겨울 학기에 신학과 고전 문헌학 공부를 시작한다.
1865년	1865/66년 겨울 학기에 리츨Ritschl 교수를 따라 라이프치히로 학교를 옮긴다. 고서점에서 쇼펜하우어의 《의지와 표상으로서의 세계》를 발견하고 그의 철학에 매료된다. 소년 시절에 나타났던 병증들이 악화되어 류머티즘과 격렬한 구토에 시달리고 매독 치료를 받기도 한다.
1866년	로데E. Rhode와 친교를 맺는다. 시인 테오그니스Theognis와 고대의 철학사가인 디오게네스 라에르티오스Diogenes Laertios의 자료에 대한 문헌학적 작업을 시작한다. 디오게네스에 대한 연구와 니체에 대한 리츨의 높은 평가로 문헌학자로서의 니체의 이름이 알려지기 시작

한다.

1867년   문헌학적 논문으로 대학우수논문상을 수상한다. 1월에 아리스토텔레스 저작의 전통에 대한 강연을 한다. 호메로스와 데모크리토스에 대한 연구를 시작하고 칸트 철학을 접하게 된다. 나움부르크 포병 부대에서 군대 생활을 시작한다. 카를 마르크스의 《자본론 I》이 출간된다.

1868년   3월, 말에서 떨어져 가슴에 심한 부상을 입는다. 10월에 제대한 후 라이프치히로 돌아온다. 11월 8일, 동양학자인 브로크하우스H. Brockhaus의 집에서 바그너를 처음 만난다.

1869년   박사 학위도 없이 4월에 바젤 대학의 고전어와 고전 문학 원외 교수로 위촉된다. 5월 17일에 트립셴에 머물던 바그너를 처음 방문하고, 이때부터 자주 트립셴에 간다. 《라인 문헌학지》에 발표한 논문과 디오게네스 라에르티오스의 자료에 대한 연구를 인정받아 라이프치히 대학에서 박사 학위를 받는다. 부르크하르트Jakob Burckhardt를 존경해 그와 교분을 맺는다. 스위스 국적을 신청하지 않은 채 프로이센 국적을 포기한다.

1870년   4월에 정교수가 된다. 7월에 독불전쟁에 자원 의무병으로 참전하지만 이질과 디프테리아에 걸려 10월에 다시 바젤로 돌아온다. 바그너와 코지마가 루체른에서 결혼한다. 신학자 오버베크Franz Overbeck와 교분을 맺는다.

1871년   여동생 엘리자베트와 루가노에 머문다. 파리 코뮌의 봉기가 일어난다.

1872년   《비극의 탄생》이 출판된다. 그라이프스발트 대학의 교수 초빙을 거절한다. 바그너가 바이로이트로 이사한다. 니체는 바이로이트 축제를 기획하고, 5월에는 준비를 위해 바이로이트로 간다.

1873년   이때부터 구토를 동반하며 편두통이 심해지는 병이 계속된다. 눈이 극도로 나빠진다. 《비도덕적 의미에서의 진리와 거짓에 관하여》를

집필한다. 다비트 슈트라우스에 대한 첫 번째 저작 《반시대적 고찰》
이 출간된다.

1874년 《반시대적 고찰》 2, 3권이 출간된다. 소크라테스 이전 사상가에 대한
니체의 1873년 강의를 들은 파울 레Paul Rée와의 친교가 시작된다.

1875년 겨울 학기에 니체의 강의를 들은 쾨젤리츠Heinrich Köselitz라는 젊은
음악가가 니체의 가장 충실한 학생 중의 하나이자 절친한 교우가 된
다. 니체에게서 페터 가스트Peter Gast라는 예명을 받은 그는 니체가
사망한 후 니체의 여동생 엘리자베트와 함께 《권력에의 의지》 편집
본의 편집자가 된다. 엘리자베트가 바젤로 와서 니체의 살림을 맡는
다. 이 시기에 건강이 눈에 띄게 악화된 니체는 10월 초에 1년간의
휴가를 얻어 레와 함께 이탈리아로 요양을 떠난다.

1876년 바이로이트에서 제1회 바그너 축제가 열린다. 니체는 축제와 청중
에 실망하여 바그너와 내면적으로 결별한다. 겨울 학기부터 병가를
허락받는다. 10월에서 1877년 5월까지 소렌토에 있는 말비다 폰
마이젠부크Malvida von Meysenbug의 집에서 머문다. 그곳에서 리하르트
바그너와 코지마 바그너를 마지막으로 만난다. 《인간적인 너무나
인간적인》을 집필한다.

1877년 9월에 바젤로 돌아와 강의를 다시 시작한다. 친구 로데가 결혼한다.
니체는 결혼이 필요하다면 평범한 여자와 하겠다는 생각을 한다. 의
사 아이저에게서 철저한 검진을 받는다. 눈이 두통을 비롯한 모든
고통의 원인일 것이라고 의사는 판단한다. 의사는 글 읽기와 글쓰기
를 몇 년간 금지한다. 이러한 진단을 전해 들은 바그너는 의사에게
편지를 보내는데, 거기서 니체의 동성애 성향을 암시한다.

1878년 《인간적인 너무나 인간적인》 1부. 바그너가 5월에 이 책을 읽으면서
니체와 바그너 사이의 열정, 갈등, 좌절로 점철된 관계는 실망으로
끝난다. 여동생 엘리자베트와의 공동생활이 끝나고 바젤의 변두리
에서의 고독한 생활이 새롭게 시작된다.

1879년	건강이 악화되어 3월 19일에 강의를 중단하고 제네바로 휴양을 떠난다. 5월에는 바젤 대학에 퇴직 의사를 밝힌다. 9월에 나움부르크로 오기까지 스위스 장크트 모리츠에서 머무르며 《혼합된 의견과 잠언들》을 출간한다. 118회의 심한 발작이 일어난다. 이때부터 확실한 거처 없이 방랑자 생활을 시작한다.
1880년	《방랑자와 그의 그림자》를 출간한다. 베네치아, 마리엔바트, 나움부르크, 스트레사, 제노바를 여행한다.
1881년	다른 작품들과 마찬가지로 《아침놀》의 원고들이 페터 가스트에 의해 옮겨 적혀 7월 1일에 출간된다. 니체는 7월 초에 처음으로 질스마리아에 간다. 타자기를 주문한다. 10월 1일에 제노바로 돌아간다. 시력이 더욱 악화된다. 11월 27일, 처음으로 비제의 〈카르멘〉을 보고 감격한다.
1882년	《즐거운 학문》을 출간한다. 친구 레가 제노바를 방문한다는 소식에 기뻐 졸도한다. 화물선의 유일한 승객으로 이탈리아 메시나로 여행을 떠나 그곳에 4월 20일까지 머문다. 〈메시나에서의 전원시〉를 위한 소묘들은 이 여행 며칠 전에 구상되었다. 4월 24일에 메시나를 떠나 로마로 가고, 이곳에서 살로메를 소개받는다. 살로메와 함께 오르타 호수, 루체른, 타우텐부르크를 여행한다. 타우텐부르크에서 살로메와 매우 깊이 있는 대화를 나누지만, 살로메와 사이가 좋지 않은 여동생의 이간질로 둘의 관계가 소원해진다.
1883년	《차라투스트라는 이렇게 말했다》1부를 쓴 후 매우 빠른 속도로 3부까지 쓴다. 라팔로, 제노바, 로마, 질스마리아, 나움부르크, 제노바. 2월 13일에 베네치아에서 바그너가 사망한다. 친구 레와 결별한다.
1884년	여동생이 B. 푀르스터라는 바그너 숭배자이며 반유대주의자이고, 파라과이에 종족주의적 원칙에 의거한 순수 독일 식민지를 세울 계획을 갖고 있는 사람과 약혼하기로 결정하면서 여동생과의 불화는 다시 심화된다.

1885년	《차라투스트라는 이렇게 말했다》4부를 출판할 출판업자를 찾지 못해 자비로 출판한다. 5월 22일에 여동생이 결혼하지만 그는 결혼식에 참석하지 않는다. 니스, 베네치아, 질스마리아, 나움부르크, 라이프치히, 뮌헨, 피렌체, 니스. 질스마리아에서 여름을 보내면서 《권력에의 의지》라는 책을 쓸 것을 구상한다.
1886년	《선악의 저편》을 자비로 8월 초에 출판한다. 니체는 이제까지의 자기 작품들에 새롭게 관심을 갖기 시작해 재출간을 시도하고, 이전 작품들에 새로운 서문을 쓰기 시작한다. 여동생 부부가 파라과이로 이주한다.
1887년	질스마리아에서 《도덕의 계보》를 집필하고 11월에 자비로 출판한다. 루 살로메가 안드레아스와 결혼한다는 소식을 접하고 우울증에 빠진다. 카노비오, 취리히, 쿠르, 렌츠, 질스마리아, 베네치아, 니스.
1888년	4월 2일까지 니스에 머물면서 "모든 가치의 전도"에 대한 책을 구상하고 이 책의 일부를 《안티크리스트》라는 책으로 출판한다. 《바그너의 경우》, 《우상의 황혼》, 《이 사람을 보라》를 쓴다. 《디오니소스 송가》를 포함한 이 시기에 쓴 모든 것을 인쇄를 위해 보낸다. 니스, 토리노, 질스마리아, 토리노. 브란데스G. Brandes가 코펜하겐에서 니체에 관한 강의를 한다는 소식을 접한다.
1889년	1월 3일, 토리노에 있는 카를로 알베르토 광장에서 마부에게 채찍질당하는 말을 끌어안고 울다가 졸도하면서 심각한 정신착란 증세를 보인다. 이 시기에 디오니소스, 십자가에 못 박혀 죽은 자, 니체 카이사르로 서명한 광기의 쪽지 편지를 친지들에게 보낸다. 오버베크는 니체를 바젤로 데려가 정신병원에 입원시킨다. 1월 17일, 어머니에가 니체를 예나 대학 정신병원으로 옮긴다. 바젤 정신병원은 점진적 마비, 예나 정신병원은 치유 불가라는 진단을 내린다. 《우상의 황혼》, 《니체 대 바그너》, 《이 사람을 보라》가 출판된다.
1890년	병원을 떠나 나움부르크의 어머니 집으로 돌아온다. 남편을 잃은

여동생 엘리자베트가 방문한다. 브란데스의 논문 〈귀족주의적 급진주의. 프리드리히 니체에 관한 논고〉가《디 노이에 룬트샤우*Die Neue Rundschau*》에 게재된다.

1893년 여동생이 완전히 귀국해 어머니와 함께 니체를 간호한다.

1894년 여동생에 의해 어머니 집에 최초의 '니체 문서 보관소Nietzsche Archiv'가 설립된다.

1897년 4월 20일에 어머니가 71세의 나이로 사망하고, 여동생은 니체를 바이마르로 옮긴다. 그녀는 바이마르의 빌라 질버블리크Villa Silberblick에 새로운 니체 문서 보관소를 설립하고 니체 전집 편찬을 계획한다.

1900년 8월 25일 정오경에 니체가 사망한다.

니   체   의
차라투스트라를
찾   아   서

초판 1쇄 펴낸날 2010년 4월 28일
초판 8쇄 펴낸날 2020년 4월 24일

지은이 | 이진우
펴낸이 | 김현태
펴낸곳 | 책세상

주소 | 서울시 마포구 잔다리로 62-1, 3층 (우편번호 04031)
전화 | 02-704-1251 (영업부) 02-3273-1333
팩스 | 02-719-1258
이메일 | bkworld11@gmail.com
광고·제휴 문의 | bkworldpub@naver.com

홈페이지 | chaeksesang.com **페이스북** | /chaeksesang
트위터 | @chaeksesang **인스타그램** | @chaeksesang **네이버포스트** | bkworldpub
등록 1975. 5. 21 제1-517호

ISBN 978-89-7013-759-9 03100

* 이 도서의 국립중앙도서관 출판시도서목록(CIP)은 서지정보유통지원시스템 홈페이지
  (http://seoji.nl.go.kr)와 국가자료공동목록시스템(http://www.nl.go.kr/kolisnet)에서
  이용하실 수 있습니다. (CIP제어번호: CIP2016007700)